INTRODUÇÃO AO IMPOSTO SOBRE O VALOR ACRESCENTADO MOÇAMBICANO

CLOTILDE CELORICO PALMA

INTRODUÇÃO
AO IMPOSTO SOBRE O VALOR
ACRESCENTADO MOÇAMBICANO

INTRODUÇÃO AO IMPOSTO
SOBRE O VALOR ACRESCENTADO
MOÇAMBICANO
AUTOR
CLOTILDE CELORICO PALMA
EDITOR
EDIÇÕES ALMEDINA, S.A.
Rua Fernandes Tomás, nºs 76-80
3000-167 Coimbra
Tel.: 239 851 904 · Fax: 239 851 901
www.almedina.net · editora@almedina.net
DESIGN DE CAPA
FBA.
PRÉ-IMPRESSÃO, IMPRESSÃO E ACABAMENTO
G.C. – GRÁFICA DE COIMBRA, LDA.
Palheira Assafarge, 3001-453 Coimbra
producao@graficadecoimbra.pt
Maio, 2012
DEPÓSITO LEGAL
344092/12

Apesar do cuidado e rigor colocados na elaboração da presente obra, devem os diplomas legais dela constantes ser sempre objecto de confirmação com as publicações oficiais.
Toda a reprodução desta obra, por fotocópia ou outro qualquer processo, sem prévia autorização escrita do Editor, é ilícita e passível de procedimento judicial contra o infractor.

 | GRUPOALMEDINA

BIBLIOTECA NACIONAL DE PORTUGAL – CATALOGAÇÃO NA PUBLICAÇÃO
PALMA, Clotilde Celorico
Introdução ao imposto sobre o valor acrescentado moçambicano.
(Cadernos IDEFF)
ISBN 978-972-40-4804-8
CDU 336

Aos meus alunos do Curso de Fiscalidade ministrado no Instituto Superior de Comunicação e Imagem de Moçambique, agradecendo toda a atenção e os contributos para a elaboração deste Manual.

"The rise of the value-added tax (VAT) is an unparalleled tax phenomenon. (...). Various similes come to mind; VAT may be thought of as the Mata Hari of the tax world – many are tempted, many succumb, some tremble on the brink, while others leave only the return, eventually the attraction appears irresistible" (Alan Tait, *Value Added Tax, International Practice and Problems*, International Monetary Fund, Washington D.C, 1988, p. 3)

Principais Abreviaturas Utilizadas

Acd	–	Acórdão
AT	–	Autoridade Tributária
CC	–	Código Civil
CEE	–	Comunidade Económica Europeia
CIVA	–	Código do Imposto sobre o Valor Acrescentado
Colect.	–	Colectânea da Jurisprudência do Tribunal de Justiça da União Europeia
CCTF	–	Cadernos de Ciência e Técnica Fiscal
COBEF	–	Código dos Benefícios Fiscais
CRM	–	Constituição da República Moçambicana
CTF	–	Ciência e Técnica Fiscal
DAF	–	Direcção de Área Fiscal
DGA	–	Direcção Geral das Alfândegas
DGI	–	Direcção Geral dos Impostos
DGCI	–	Direcção Geral dos Impostos
DS	–	Direcção de Serviços
DL	–	Decreto-Lei
DR	–	Diário da República
EM	–	Estado membro da União Europeia
IEC	–	Impostos Especiais sobre o Consumo
Inf.	–	Informação
IRPC	–	Imposto sobre o Rendimento das Pessoas Colectivas
IRPS	–	Imposto sobre o Rendimento das Pessoas Singulares
IVA	–	Imposto sobre o Valor Acrescentado
JO	–	Jornal Oficial das Comunidades Europeias
LGT	–	Lei Geral Tributária

NUIT — Número Único de Identificação Tributária
Rec. — Récueil de la Jurisprudence de la Cour de Justice de la Communauté Européenne
RECIVA — Regulamento do Código do Imposto sobre o Valor Acrescentado
RECPRIVA — Regulamento da Cobrança, do Pagamento e do Reembolso do IVA
TJUE — Tribunal de Justiça da União Europeia
UE — União Europeia
Vol. — Volume

Nota Prévia

Este Manual resulta essencialmente do estudo que efectuámos ao IVA moçambicano quando organizámos um curso sobre o sistema fiscal moçambicano, no âmbito de protocolo celebrado entre o Instituto de Contabilidade e Administração de Lisboa e o Instituto Superior de Comunicação e Imagem de Moçambique, que ocorreu em Maputo ao longo do mês de Fevereiro de 2012, tendo sido redigido na sua grande maioria no simpático Hotel Cardoso tendo por pano de fundo a maravilhosa e tranquila baía de Maputo e o seu pôr de sol único.

O Imposto sobre o Valor Acrescentado (IVA) é um caso de sucesso a nível mundial, depressa se tendo tornando um imposto em moda, contagiando os distintos sistemas fiscais. Embora revestindo modelos diversos, o certo é que actualmente quase duzentos países a nível mundial basearam o seu sistema de tributação das transacções neste imposto. Países como o Vietname, a Zâmbia, o Vanuatu, o Uganda, o Uruguai, a Tunísia, a Tailândia, a Tanzânia, o Senegal, a Rússia, a Palestina, o Panamá, as Filipinas, o Paraguai, o Nepal, a Nicarágua, a Nigéria, a Mongólia, o Laos, o Quénia, a Coreia, a Indonésia, a Guatemala e as Ilhas Fidji, inspiraram o seu sistema de tributação das transacções no modelo IVA. Nos países de expressão portuguesa, podemos encontrar este tributo em Moçambique e em Cabo Verde, estando a respectiva introdução a ser equacionada em Angola e no Brasil.[1]

---

[1] Sobre a adopção do IVA no Brasil veja-se a obra AAVV – *IVA para o Brasil, Contributos para a Reforma da Tributação do Consumo*, Oswaldo Othon de Pontes Saraiva Filho, Sérgio Vasques e Vasco Branco Guimarães (organizadores), Instituto Fórum de Direito Tributário, Editora Fórum, Belo Hori-

É habitual atribuir-se a paternidade do modelo de IVA existente na União Europeia (UE) ao francês inspector de finanças Maurice Lauré.[2] Na então Comunidade Económica Europeia

---

zonte, 2007, nomeadamente, Ricardo Lobo Torres, "É possível a criação do IVA no Brasil?", pp. 19-36, Vasco Branco Guimarães, "A tributação do consumo no Brasil: uma visão europeia", pp. 37-68, Heleno Taveira Tôrres, "O IVA na experiência estrangeira e a tributação das exportações no direito brasileiro", pp. 69-122, e Sacha Calmon Navarro Coelho, "O IVA brasileiro", pp. 553-586. Relativamente à implementação do IVA em Moçambique veja-se Aboobacar Zainadine Dauto Changa, "A implementação do IVA em Moçambique", in ibidem, pp. 463-526.

Quanto à introdução do IVA em Cabo Verde, veja-se Sérgio Vasques, "Focus in Cape Verde: Introduction of VAT", *VAT Monitor* vol. 16, n.º 5, 2005, pp. 349-355, e "A introdução do IVA em Cabo Verde", in AAVV – *IVA para o Brasil, Contributos para a Reforma da Tributação do Consumo*, op. cit., pp. 157-172.

Sobre a experiência dos países da CPLP, vejam-se ainda as comunicações apresentadas na I Conferência de Directores Gerais dos Impostos da Comunidade de Países de Língua Portuguesa, organizada pela DGCI em 20 de Maio de 2009, por Elias Monteiro, "A adopção do IVA: Experiência cabo-verdiana", Aboobacar Changa, "Adopção do IVA-Experiência Moçambicana", Maria L. Fati, "Implementação do IGV (Imposto Geral sobre Vendas) como modelo de tributação de consumo na Guiné Bissau", Maria Carvalho, "Tributação da Despesa em Angola, Regulamento do Imposto do Consumo", Alda Daio, "Imposto sobre o Consumo, Experiência de São Tomé e Príncipe", Maria José C. Amaral, "Tributação em Timor-Leste", e André Luiz Barreto de Paiva Filho, "Tributação do Consumo no Brasil".

[2] O embrião deste imposto encontra-se nos impostos sobre o volume de negócios bruto das empresas adoptados no início do séc. XX em alguns países europeus, entre eles a França e a Alemanha.

A concepção do modelo comunitário do IVA, tal como resultou das primeiras Directivas IVA de 1967 e foi depois consagrado na Sexta Directiva de 1977, deve-se a este inspector de finanças francês, conhecido como o pai deste imposto. Com efeito, Maurice Lauré, através do aperfeiçoamento do imposto à produção, mantendo os respectivos mecanismos essenciais, criou uma espécie tributária que incidia apenas no valor acrescentado dos produtos.

(CEE), a adopção do IVA deveu-se às exigências de maior integração subjacentes a um projecto de união aduaneira, tendo-se reconhecido que se tratava de um espécie tributária superior para permitir o exacto montante da carga tributária das mercadorias de forma a permitir os mecanismos de compensação nas fronteiras. Assim, a partir de 1967, com as chamadas primeiras Directivas IVA[3], tornou-se obrigatória a adopção do IVA por todos os Estados membros da CEE, tendo-se instituído um sistema comum deste imposto.

Este sistema começou por ter um grau de harmonização tímido, deixando ao critério dos Estados membros aspectos tão importantes como as isenções e não tendo a base de incidência tão abrangente quanto veio mais tarde a conhecer em 1977 com a chamada Sexta Directiva[4], que instituiu o denominado segundo sistema comum do imposto sobre o valor acrescentado na CEE, revogada pela Directiva 2006/112/CE (vulgo "Directiva IVA"[5]),

---

[3] Directivas 66/227/CEE e 67/228/CEE, do Conselho, de 11 de Abril de 1967, publicadas no JO n.º L 71, de 14.3.67. A Primeira Directiva IVA determina a obrigatoriedade de os Estados membros substituírem os seus modelos de impostos sobre as transacções por um modelo comum de IVA. A Segunda Directiva IVA aprova o primeiro sistema comum de IVA, contudo, deixava grandes margens de manobra aos Estados membros, não prevendo, designadamente, uma lista harmonizada de isenções, a tributação da generalidade das prestações de serviços, a harmonização das modalidades do direito à dedução e a obrigatoriedade da inclusão do imposto no estádio retalhista.

[4] Directiva 77/388/CEE, do Conselho, de 17 de Maio de 1977, publicada no JO n.º L 145, de 13.6.77.

[5] Publicada no JO n.º L 347, de 11 de Dezembro de 2006. Essencialmente, esta Directiva veio reformular o texto da Sexta Directiva (trata-se de uma reformulação basicamente formal, atendendo ao facto de o seu texto se encontrar excessivamente denso, dadas as sucessivas alterações que lhe foram introduzidas desde a sua aprovação). Com a reformulação passou a ter 414 artigos (tinha 53). Note-se, todavia, que foram revogadas várias directivas de IVA, pelo que poderemos passar a designar a "nova" Directiva, abrevia-

quando se tornou obrigatória a tributação generalizada das prestações de serviços[6].

Trata-se, inequivocamente, de um caso de sucesso, de um fenómeno de contágio fiscal que alastrou pelo mundo com uma espécie de linguagem fiscal universal a que, de forma pouco técnica, costumamos designar por "IVÊS".

O sucesso deste imposto deve-se fundamentalmente às suas características, em especial à generalidade e à neutralidade, obtidas através do chamado método das facturas, do crédito de imposto ou método subtractivo indirecto[7]. Desde que acorda-

---

damente, como Directiva IVA (a Directiva do sistema comum vigente). As Directivas revogadas pela Directiva 2006/112/CE constam do respectivo Anexo XI.

[6] O IVA é um imposto de matriz comunitária, ou seja, temos, na União Europeia, um sistema comum do IVA que faz parte do "adquirido comunitário" ("*acquis communautaire*"). Não se trata, consequentemente, de um imposto europeu, realidade completamente distinta, que implica que as fases fundamentais da vida do imposto ocorram a esse nível. Todos os Estados que aderem à União Europeia devem, obrigatoriamente, substituir os seus modelos de impostos sobre as transacções pelo modelo do IVA, de acordo com o estabelecido nos actos jurídicos da União Europeia. Este facto tem diversas consequências, nomeadamente, reduz a margem de manobra do legislador nacional, dado que tem de actuar dentro dos limites da legislação da União Europeia, torna o imposto relativamente estável, sofrendo em regra poucas alterações e implica um bom conhecimento da legislação, doutrina e jurisprudência da União Europeia. Contudo, este imposto não se encontra totalmente harmonizado na UE, existindo várias diferenças entre os regimes IVA dos Estados membros, decorrentes, desde logo, de opções permitidas pelas regras do Direito da União Europeia, mas também de derrogações, infracções e distintas interpretações. Lembra-se, a este propósito, que existem mais de 500 acórdãos do TJUE em matéria de IVA.

[7] Sobre o processo de harmonização do IVA veja-se, nomeadamente, Clotilde Celorico Palma, "A harmonização comunitária do Imposto sobre o Valor Acrescentado: Quo Vadis?", *Revista de Ciências Empresariais e Jurídicas*, n.º 5, Setembro 2005, Separata, e Rita de La Feria, *The EU VAT System and*

mos até nos deitarmos vivemos nas "malhas" do IVA. Estamos constantemente a pagar IVA, na luz que ligamos, no banho que tomamos, naquilo que comemos e vestimos, na gasolina que gastamos, etc., etc., etc. Mas, regra geral, e contrariamente aos tributos directos, não sentimos o peso deste imposto.

Eis, pois, duas características fundamentais do IVA que o tornam particularmente virtuoso e especialmente apetecível: trata-se de um imposto geral sobre o consumo que, actuando através do método subtractivo indirecto nas diversas fases do circuito económico, teoricamente apenas sobre o valor acrescentado em cada uma delas, provoca o chamado efeito de anestesia fiscal.[8] A conjugação destas características redunda numa outra grande virtude do IVA: o facto de ser bastante reditício, à qual acresce o

---

the Internal Market, Doctoral Series 16, IBFD-Academic Council, 16, 2009, pp. 1-88.

Sobre os desenvolvimentos mais recentes veja-se, nomeadamente, Clotilde Celorico Palma, "25 Anos de IVA em Portugal – de onde vimos e para onde vamos?", em vias de publicação em obra colectiva *IDEFF/Almedina*, "A Comunicação da Comissão sobre o futuro do IVA", em vias de publicação na *Revista TOC*, "A Reforma do IVA – algumas propostas", *Revista TOC* n.º 135, Julho 2011, "O Livro Verde sobre o Futuro do IVA – Algumas reflexões", *Revista de Finanças Públicas e de Direito Fiscal*, Ano IV, n.º 1, Março de 2011, Mário Alexandre, "A evolução do sistema comum do IVA, o mecanismo de 'balcão único' ou one-stop shop'", *Vinte Anos de Imposto Sobre o Valor Acrescentado em Portugal: Jornadas Fiscais em Homenagem ao Professor José Guilherme Xavier de Basto*, Almedina, Novembro 2008, e António Carlos dos Santos, "The European common VAT system: merits, difficulties and perspectives of evolution", *Revista de Finanças Públicas e Direito Fiscal*, Almedina, n.º 3, Ano I, 2008. Sobre o processo de harmonização deste imposto e os princípios fundamentais que lhe são aplicáveis, veja-se, nomeadamente, Paolo Centore, *Manuale dell'IVA europea*, V Edizione, IPSOA, Gruppo Wolters Kluwer, 2008, pp. 3-177.

[8] A este propósito e, em geral, sobre as características fundamentais deste tributo, *vide* Xavier de Basto, *A tributação do consumo e a sua coordenação internacional*, CCTF n.º 164, Lisboa 1991, p. 39 e ss.

mérito de, teoricamente, se tratar de um tributo fácil de administrar dado o controlo cruzado efectuado necessariamente entre sujeitos passivos. Por outro lado, uma das grandes vantagens do IVA relativamente aos demais impostos sobre as transacções assenta na sua neutralidade, quer no plano interno, quer a nível internacional. Eis, pois, a explicação para este grande mistério que é o "fenómeno IVA".

Dadas as inegáveis virtudes deste tributo[9], demonstradas, essencialmente, pelo sucesso da sua aplicação em determinados países, como a França, a então CEE adoptou o IVA como modelo obrigatório de tributação das transacções nos Estados membros.[10]

O IVA consegue a proeza de reunir, numa linguagem comum, contribuintes, Administrações Tributárias, juízes, consultores, estudiosos, ultrapassando a "mera" esfera da União Europeia.

Em Moçambique, o IVA foi adoptado exactamente pelos seus méritos próprios em 1999, tendo uma grande proximidade nas suas características fundamentais com o sistema comum do IVA da União Europeia, mas com características peculiares que resultaram da sua natural adaptação à realidade nacional, nomeadamente, a existência de regimes especiais e específicos e um maior leque de situações de isenção, vantagens decorrentes da margem de manobra que o legislador possui e que já na UE não é possível.

---

[9] Note-se, todavia, que uma das vertentes mais criticadas deste tributo é a da sua regressividade, ou da não progressividade, relativamente aos rendimentos das famílias, considerando a maior propensão ao consumo por parte das famílias de rendimentos baixos e médios.

[10] Para um esclarecimento dos motivos subjacentes à adopção do IVA a nível comunitário, *vide*, designadamente, Pascale Miconi, "Razões justificativas da introdução de um sistema de Imposto sobre o Valor Acrescentado", *CTF* n.ºs 244/246, Abril-Junho 1979.

É um fascinante mundo a descobrir passo a passo, no qual diariamente nos surgem novas questões para resolver.

Pretende-se neste Manual analisar, de uma forma sintética, os principais aspectos do regime legal geral do Código do Imposto sobre o Valor Acrescentado (CIVA) e nos Regulamentos do Código do Imposto sobre o Valor Acrescentado (RECIVA) e da Cobrança, do Pagamento, e do Reembolso do IVA (RECPRIVA), abordando-se ainda os benefícios constantes do Código dos Benefícios Fiscais (CBF) e alguns aspectos mais específicos previstos em legislação avulsa. Penalizamo-nos por não nos ter sido possível recolher os elementos suficientes para uma análise da doutrina da Administração Tributária moçambicana e da jurisprudência.

Iremos decompor a nossa análise no regime geral do IVA nas operações internas – transmissões de bens e prestações de serviços – e nas operações internacionais – importações, dedicando especial cuidado à matéria das isenções.

Passemos, então, a falar e pensar "IVÊS"!

I
Características do imposto sobre o valor acrescentado e sua adopção por Moçambique

1. Características do IVA em Moçambique

Em geral, nos países que adoptaram o IVA, incluindo a UE, este imposto é dotado das seguintes características principais:
- Imposto geral sobre o consumo de bens e serviços
- Imposto plurifásico
- Imposto indirecto (método subtractivo indirecto)
- Imposto não cumulativo
- Imposto baseado no princípio de tributação no destino nas relações internacionais (na UE foi, até Dezembro de 2011, transitoriamente baseado no princípio de tributação no país de destino para as transacções intracomunitárias de bens).
- Na UE é um imposto de matriz comunitária existindo desde 1967 um sistema comum deste imposto a cuja adopção os Estados membros se encontram obrigados.

O IVA moçambicano partilha de todas estas características à excepção, naturalmente, da última.

O princípio geral de um modelo baseado no imposto sobre o valor acrescentado consiste em aplicar aos bens e serviços um imposto geral sobre o consumo proporcional ao preço dos bens e serviços, independentemente do número de transacções ocorridas no processo de produção e de distribuição anterior à fase de tributação. Nas operações entre sujeitos passivos de IVA, em cada uma das transacções, o imposto sobre o valor acrescentado, calculado sobre o preço do bem ou do serviço à taxa aplicável ao referido bem ou serviço, é exigível, com prévia dedução do montante do imposto sobre o valor acrescentado que tenha incidido directamente sobre o custo dos diversos elementos constitutivos do preço. Num modelo de base alargada, o imposto sobre o valor acrescentado é aplicável até ao estádio do comércio a retalho, inclusive.[11]

O IVA é conhecido por resistir bem ao teste da neutralidade, de nas transacções internacionais se basear no princípio de tributação no país de destino[12] e de ser bastante reditício relativamente aos demais tributos.

---

[11] Conforme se determinava no artigo 2.º da denominada Primeira Directiva IVA que tornou obrigatória a adopção de um modelo comunitário do IVA por todos os países que aderem à CEE, agora UE, Directiva 67/227/CEE, já cit.

[12] Na CEE o objectivo era o de que a tributação no destino nas operações entre os Estados membros fosse transitória, tendo-se consagrado desde logo esta regra em 1967 e tendo-se instituído em 1993 um regime transitório de tributação das transacções intracomunitárias. Esta ideia faz sentido num espaço que se pretende cada vez mais integrado como era o caso da CEE, assente num princípio de não discriminação fiscal e igualdade de tratamento para transacções efectuadas no interior de um país ou de um país para outro: neste sentido, será desejável a tributação na origem. Contudo, a sua adopção é extremamente difícil e o caso da UE é um exemplo. Com efeito, caso a tributação ocorra no país de origem, temos que conceber um mecanismo fiável de redistribuição de receita ao país de destino onde ocorre o acto de consumo e aí reside o principal problema, sobretudo existindo grandes diferenças ao nível das taxas do imposto. Na UE, actualmente, os Estados membros têm que ter uma taxa geral de IVA cujo montante varia entre 15% a 25% e podem ter até duas taxas reduzidas com o montante mínimo de 5%. A 6 de Dezembro de 2011, na sua Comunicação sobre o futuro do IVA (COM (2011) 851 final), a Comissão abandonou a ideia da passagem a um princípio de tributação na origem relativamente às transacções efectuadas entre Estados membros, atentas as dificuldades subjacentes.

Sobre o Regime do IVA nas Transacções Intracomunitárias, da autora, *O IVA e o mercado interno – Reflexões sobre o regime transitório*, CCTF n.º 178, 1998. Sobre o futuro do IVA na UE, veja-se, igualmente da autora, "25 Anos de IVA em Portugal – de onde vimos e para onde vamos?", *op. cit.*, "A Comunicação da

Em regra, as principais vantagens do IVA residem desde logo no facto de possuir um grau amplo de generalidade, abrangendo tendencialmente todo o acto de consumo através de uma noção residual ou negativa de prestação de serviços, o que se traduz num aumento da receita fiscal. Mas o IVA tem vindo a ser adoptado atendendo essencialmente ao facto de passar bem no "teste da neutralidade".[13] Este imposto assegura tendencialmente uma neutralidade interna e internacional: a carga tributária mantém-se igual independentemente do sistema de produção e de comércio. Neste contexto, oferece a vantagem de permitir que, considerando o valor do trabalho por incorporação no valor acrescentado nas diversas fases do circuito, se solucionem as questões de destrinça entre o valor das mercadorias e dos serviços que ocorrem principalmente nas fases de transformação nos sistemas em que os serviços não são especificamente tributados, facilitando o progresso tecnológico por supressão do incentivo à integração vertical, permitindo a abolição das fronteiras fiscais e a criação de uma fronteira única com o exterior.

Devido à sua generalidade, possibilita a adopção de taxas moderadas e a respectiva distribuição por vários sujeitos passivos.

Através da adopção da técnica do método subtractivo indirecto ou da liquidação e dedução do imposto, evita, em princípio, os efeitos inflacionistas provocados com os impostos

---

Comissão sobre o futuro do IVA", *op. cit.*, "A Reforma do IVA – algumas propostas", *op. cit.*, e "O Livro Verde sobre o Futuro do IVA – Algumas reflexões", *op. cit.*

[13] Em termos gerais, de acordo com o princípio da neutralidade, a tributação não deverá interferir nas decisões económicas nem na formação dos preços, implicando a extensão do âmbito de aplicação deste imposto a todas as fases da produção e da distribuição e ao sector das prestações de serviços Sobre a neutralidade na tributação do consumo e do IVA, veja-se Xavier de Basto, *A tributação do consumo e a sua coordenação internacional, op. cit.*, pp. 29 e ss. e 52 e ss.

cumulativos, permitindo um controlo cruzado entre sujeitos passivos, não estimulando o recurso à fraude ou à evasão fiscal tanto como os outros sistemas de tributação, uma vez que a cada fase corresponde um montante reduzido de imposto, sendo dotado do denominado efeito de anestesia fiscal produzido pelos impostos indirectos.

As principais críticas ao IVA assentam nas dúvidas sobre os seus alegados benefícios. Desde logo, nas novas dificuldades que cria, nomeadamente, num aumento da administração dado o aumento de contribuintes e dos custos de cumprimento. Por outro lado, o IVA não é um imposto justo, sendo-lhe reconhecido o efeito de regressividade: são as camadas da população com menores rendimentos que afectam uma maior parte do seu rendimento ao consumo, sendo mais penalizadas. Acresce que revela deficiências no combate à fraude, em especial na União Europeia, devido ao facto de os bens circularem com isenção de imposto e direito à dedução do IVA suportado no espaço intra-comunitário, sendo que a partir de 1 de Janeiro de 1993 desapareceram os controlos nas fronteiras entre os diversos Estados membros.

Em Moçambique, a tributação indirecta abrange o IVA, o Imposto sobre os Consumos Específicos (ICE) e os Direitos Aduaneiros. A Lei de Bases do sistema fiscal moçambicano (Lei n.º 15/2002, de 26 de Junho), no seu artigo 67.º, caracteriza o IVA moçambicano da seguinte forma: "*O Imposto sobre o Valor Acrescentado incide sobre o valor das transmissões de bens e prestações de serviços realizadas no território nacional, a título oneroso, por um sujeito passivo agindo como tal, bem como sobre as importações de bens, devendo:*

1. *As isenções serem limitadas às exportações e ao consumo de alguns bens e serviços cuja natureza e essencialidade o justifiquem;*
2. *A respectiva taxa ser estabelecida pelo Conselho de Ministros até ao limite máximo de vinte e cinco por cento*".

Contudo, posteriormente à entrada em vigor desta norma, a Constituição da República Moçambicana (CRM) aprovada a 16 de Novembro de 2004, vem determinar expressamente que compete exclusivamente à Assembleia da República definir as bases da política de impostos e o sistema fiscal. Por outro lado, nos termos do disposto no artigo 127.º da CRM, estipula-se expressamente que os impostos são criados por lei, que determina a incidência, a taxa, os benefícios fiscais e as garantias dos contribuintes.

Neste contexto, faz-se notar que, prescrevendo a lei cimeira que as taxas são fixadas por lei, não poderá a taxa do IVA vir a ser determinada pelo Conselho de Ministros, conforme o disposto na aludida Lei de Bases, que, aliás, é anterior à Constituição vigente.

O IVA vigente em Moçambique é caracterizado, essencialmente, como um imposto indirecto, plurifásico, que atinge tendencialmente todo o acto de consumo através do método subtractivo indirecto, resultando estas características numa outra: a respectiva neutralidade quer a nível interno quer a nível internacional. O IVA moçambicano apresenta ainda as características de ser um imposto com uma taxa única, dotado de maior simplicidade do que o modelo comum vigente na União Europeia, não obstante comportar um maior número de situações de benefícios fiscais, pelo que a característica da generalidade do imposto se apresenta mais atenuada.

1.1. *Um imposto plurifásico que opera através do método subtractivo indirecto*

O IVA em Moçambique, tal como na União Europeia, é um imposto que incide sobre todas as fases do processo produtivo, do produtor ao retalhista, através do chamado método subtractivo indirecto, das facturas, do crédito de imposto ou sistema dos pagamentos fraccionados.

Este método é, como refere Xavier de Basto[14], *"a trave-mestra do sistema do imposto sobre o valor acrescentado"*.

O método subtractivo indirecto mais não é do que a técnica da liquidação e dedução do imposto em cada uma das fases do circuito económico, funcionando da forma descrita quando as transacções se processam entre sujeitos passivos do imposto com direito à dedução. Com efeito, tal não sucede com os particulares e os sujeitos passivos que beneficiam de isenções incompletas, actuando enquanto "consumidores finais" para efeitos de IVA, dado não terem em sede deste imposto direito à dedução do IVA suportado.

Isto é, um sujeito passivo não isento de IVA deve proceder à liquidação do imposto à taxa que se mostrar devida. Tendo um crédito de imposto do IVA suportado a montante para a realização daquela actividade económica, o sujeito passivo irá entregar ao Estado, dentro do seu período de imposto, a diferença entre o IVA liquidado e o deduzido, ou, eventualmente, receber imposto.

O IVA, ao operar através deste método nas diversas fases da cadeia de produção e comercialização dos bens e serviços, vai incidir apenas sobre o valor acrescentado em cada uma, sendo o preço final do bem equivalente à soma dos valores acrescentados.

Vejamos o seguinte esquema ilustrativo do que acabamos de referir:

---

[14] Xavier de Basto, *A tributação do consumo e a sua coordenação internacional*, op. cit., p. 41.

Circuito económico	Compras (1)	Vendas (2)	Taxa (3)	IVA liquidado nas vendas (4)=(3)x(2)	IVA suportado nas compras (5)=(3)x(1)	IVA a entregarao Estado (6)=(4)-(5)
Fornecedor de matérias primas	-	100	5%	5	-	5
Produtor	100	240	5%	12	5	7
Grossista	240	400	5%	20	12	8
Retalhista	400	620	5%	31	20	11
Total do imposto a pagar ao Estado						31

Na realidade, o IVA, aplicado de um modo geral e uniforme em todo o circuito económico, pressupondo a repercussão total do imposto para a frente, corresponde a uma tributação, por taxa idêntica, efectuada de uma só vez, na fase retalhista.

A técnica do método subtractivo indirecto permite atingir em simultâneos vários objectivos, designadamente:

a) Tributar apenas o valor acrescentado em cada uma das fases do circuito económico, repartindo o encargo fiscal pelos sujeitos passivos;

b) Produzir um efeito de anestesia fiscal, que se traduz no facto de o imposto não se sentir tanto como os impostos directos que atingem directamente manifestações de riqueza;

c) Instituir um controlo cruzado entre os sujeitos passivos, dado que só se pode deduzir o IVA suportado com base numa factura ou documento equivalente passados na forma prevista no artigo 27.º, n.º 5, do Código do Imposto sobre o Valor Acrescentado (CIVA).[15] Este método, conforme se nota, é *"um excelente meio de pré financiamento do imposto, dado que, em princípio, todos os empresários que intervêm num ciclo económico adquirem a qualidade de cobradores, por conta do Estado, de uma parte do imposto";*[16]

d) Assegurar a neutralidade do imposto, evitando efeitos cumulativos ou em cascata de imposto sobre o imposto.

1.2. Um imposto tendencialmente geral sobre o consumo

O IVA, como vimos, incide em todas as fases do circuito económico e tributa, tendencialmente, todo o acto de consumo. Contrariamente aos impostos especiais sobre o consumo, que tributam apenas determinado tipo de consumos, o IVA incide, em regra, sobre todas as transacções económicas efectuadas a título oneroso.[17]

---

[15] Em geral, as referências feitas a normativos sem indicação da respectiva fonte, entendem-se como efectuadas para o CIVA.

[16] Cfr. Pascale Miconi, "Razões justificativas da introdução de um sistema de Imposto sobre o Valor Acrescentado", *op. cit.*

[17] O facto de se tratar de um imposto geral sobre o consumo levanta a questão da respectiva compatibilidade com outros impostos, problema que a Sexta Directiva tentava solucionar no seu artigo 33.°, actual artigo 401.° da Directiva 2006/112/EC. Esta disposição legal permite que os Estados membros mantenham ou estabeleçam impostos sobre os contratos de seguros, sobre jogos e apostas, sobre consumos especiais, direitos de registo e, em geral, qualquer imposto direito ou taxa que não tenham a natureza de imposto sobre o volume de negócios, desde que estes não dêem origem, nas transacções entre os Estados membros, a formalidades nas fronteiras. A referida norma visa evitar que o normal funcionamento do sistema comum do imposto sobre o valor acrescentado seja alterado em virtude da adopção pelos Estados membros de tributos incidentes sobre bens ou serviços de forma comparável à que caracteriza o IVA. A questão essencial

Para esse efeito, vamos verificar que como operações tributáveis em sede deste imposto temos as transmissões de bens, as prestações de serviços e as importações de bens (cfr. o disposto no artigo 1.º, n.º 1, do Código). Ora, como iremos constatar, os conceitos das referidas operações tributáveis encontram-se definidos pela positiva no Código, com excepção do conceito de prestação de serviços. De facto, o conceito de prestação de serviços encontra-se delimitado de forma residual ou negativa no artigo 4.º, n.º 1, do Código – "*São consideradas como prestações de serviços as operações efectuadas a título oneroso que não constituem transmissões, aquisições intracomunitárias ou importações de bens*". Através deste conceito, consegue-se, desta forma, tributar todo o acto de consumo. Todavia, tal como referimos, o IVA moçambicano apresenta diversos regimes de excepção, concretizados numa série de benefícios fiscais que fazem com que o seu grau de generalidade seja afectado.

1.3. *Um imposto que pretende ser neutro*

Quer a nível interno, quer a nível internacional, o IVA, ao operar com base no método subtractivo indirecto nas diversas fases do processo produtivo, é um modelo de imposto sobre as transacções que parece garantir, de forma razoável, o requisito da neutralidade.[18]

---

consubstancia-se em saber o que se deve entender por um tributo que não tenha a natureza de imposto sobre o volume de negócios.

[18] Sobre esta matéria veja-se, Clotilde Celorico Palma, *As Entidades Públicas e o Imposto sobre o Valor Acrescentado: uma ruptura no princípio da neutralidade*, dissertação de doutoramento em Ciências Jurídico Económicas, especialidade em Direito Fiscal, na Faculdade de Direito da Universidade de Lisboa, Almedina, Dezembro 2010.

É habitual distinguir-se a neutralidade dos impostos de transacções relativamente aos efeitos sobre o consumo e sobre a produção.[19] Existirá neutralidade relativamente ao consumo, quando o imposto não influi nas escolhas dos diversos bens ou serviços por parte dos consumidores. Um imposto será neutro na perspectiva da produção, se não induz os produtores a alterações na forma de organização do seu processo produtivo.

Dado que no IVA, independentemente do número de fases do circuito económico, a carga fiscal incidente sobre o bem será a mesma, contrariamente ao que se verifica com os impostos cumulativos, os operadores não são induzidos a se integrarem por motivos fiscais.

Por outro lado, conforme já se referiu, a nível internacional este imposto assegura de forma adequada os ajustamentos fiscais nas fronteiras necessários com a adopção do princípio de tributação no país de destino, princípio adoptado em sede de IVA para as transacções internacionais. Com efeito, é sempre possível em qualquer fase do circuito económico apurar com exactidão a componente fiscal do valor dos bens, mediante a aplicação da taxa ao valor do bem nessa fase, pelo que as restituições à exportação e as compensações na importação são feitas de forma simples e rigorosa, assegurando a neutralidade do imposto nas relações entre os países.

Note-se, contudo, que a existência de um imposto completamente neutro está fora de causa. Sempre se terão que conceder alguns benefícios que afectam tal características, nomeadamente

---

[19] A este propósito, Xavier de Basto, *A tributação do consumo e a sua coordenação internacional*, op. cit., pp. 29 a 61. O autor demonstra, através de vários exemplos, que o IVA "resiste bem ao teste da neutralidade", embora não seja perfeito, devido, nomeadamente, à existência de isenções incompletas, que não conferem direito à dedução do imposto suportado.

isenções que não permitem o direito à dedução do imposto suportado.[20]

1.4. *Um imposto reditício*

Das características que acabámos de referir, ressalta o facto de o IVA ser bastante reditício, ocupando em diversos países uma relevante posição no que toca ao financiamento do Orçamento. Em Moçambique, à semelhança do que se verifica em Portugal, é a principal receita tributária.

Vejamos, neste sentido, o quadro que se segue:

---

[20] Conforme nota Xavier de Basto, *A tributação do consumo e a sua coordenação internacional, op. cit.*, pp. 29 e 30, "*A neutralidade relativamente ao consumo depende exclusivamente do grau de cobertura objectiva do imposto e da estrutura das taxas, estando fora de questão delinear um imposto de consumo totalmente neutro. Sempre terão de ser concedidas algumas isenções (.....) e, provavelmente, existirão diferenciações na taxa aplicável às diferentes transacções de bens e prestações de serviços*".

Tabela 1. Evolução da Receita do Estado (Moçambique) – anos de 2000/2010

Descrição/Anos	2000	2001	2002	2003	2004	2005	2006	2007	2008	2009	2010
Receita Total	100,0	100,0	100,0	100,0	100,0	100,0	100,0	100,0	100,0	100,0	100,0
Receitas correntes	98,7	96,4	99,9	100,0	99,8	94,6	96,3	94,6	95,6	98,2	97,7
Receitas Fiscais	91,5	89,5	92,2	93,5	86,9	80,2	80,6	81,1	82,7	82,7	84,4
Impostos sobre Rendimentos	0,3	0,2	0,2	16,6	21,5	21,2	23,1	26,9	29,9	29,0	29,1
IRPS	0,0	0,0	0,0	11,8	14,9	13,9	13,8	14,1	15,2	13,4	13,6
IRPC	0,0	0,0	0,0	4,6	6,4	7,1	9,2	12,7	14,6	15,5	14,9
Impostos sobre bens e serviços	64,0	61,5	62,9	60,1	57,8	53,5	52,7	50,0	49,1	50,0	51,6
Imposto sobre o valor acrescentado (IVA)	38,7	37,7	38,3	37,0	36,0	32,6	34,2	32,8	33,1	35,6	37,8
Operações Internas	15,9	17,2	17,3	16,2	15,1	11,9	13,5	19,4	14,4	14,9	15,4
Importação	22,2	21,5	23,1	20,8	20,9	20,7	20,7	13,4	18,6	20,7	22,4
ICE - s/ Produtos Nacionais	5,4	5,5	5,6	4,9	4,9	4,7	4,1	3,9	4,2	3,7	3,5
ICE - s/ Produtos Importados	2,9	2,6	2,8	2,8	3,0	2,7	2,5	2,1	2,6	2,0	2,0
Impostos sobre Comércio Externo	17,0	15,6	16,3	15,3	13,9	13,4	12,0	11,1	9,3	8,6	8,3
Outros Impostos	27,1	27,8	29,1	16,9	7,6	5,6	4,7	4,3	3,7	3,8	3,7
Receitas Não Fiscais	5,2	4,4	5,7	5,1	4,7	3,8	3,4	3,9	3,0	4,6	6,4
Receitas Consignadas	2,0	2,5	2,0	1,4	8,2	7,3	6,4	6,4	6,7	7,7	6,9
Receitas Próprias	0,0	0,0	0,0	0,0	0,0	3,4	5,9	3,2	3,1	3,2	3,5
Receitas de Capital	1,3	3,6	0,1	0,0	0,2	5,4	3,7	5,4	4,4	1,8	2,2

Fonte: Boletim Informativo da Autoridade Tributária de Moçambique, N.° 51.°, Dez 2010/Jan. 2011

O facto de ser bastante reditício, conjugado com a referida característica de se tratar de um imposto anestesiante, explica porque é que em épocas de crise, como a que actualmente se atravessa nomeadamente na UE, os países têm uma tendência para aumentar o IVA em detrimento dos impostos sobre o rendimento das pessoas singulares e das pessoas colectivas. Em Portugal, por exemplo, com a crise económica, todos os Governos (de diferentes partidos) aumentaram as taxas do IVA.

1.5. Um imposto baseado no princípio de tributação no país de destino nas transacções internacionais

Os conflitos de tributação que surgem no contexto do comércio internacional podem ser resolvidos através da adopção do princípio de tributação no país de origem ou do princípio de tributação no país de destino. De acordo com o primeiro, em termos abstractos (i.e., sem se ter em consideração um determinado modelo concreto), as mercadorias são tributadas no país onde são produzidas, abstraindo-se do país onde se efectua o consumo. De acordo com o segundo e igualmente em termos abstractos, os bens são tributados apenas no país onde ocorre o acto de consumo, não se considerando o país da respectiva origem.

Na União Europeia, em 1967, no preâmbulo da Primeira Directiva IVA, optou-se por adoptar como transitório o sistema de tributação das transacções entre Estados membros no país de destino, falando-se na adopção futura de um regime definitivo do IVA com tributação no Estado membro de origem.[21]

---

[21] Tal como nota Xavier de Basto, *A tributação do consumo e a sua coordenação internacional*, op. cit., p. 78, trata-se, na realidade, da adopção de um princípio de tributação na origem restrito ("restricted origin principle"),

Com efeito, num espaço económico que se pretende cada vez mais integrado faz sentido a concessão de igual tratamento entre operações realizadas no interior de um Estado membro e transacções entre Estados membros ou transacções intra-UE, respeitando-se, desta forma, o princípio da não discriminação em matéria fiscal. Mas os custos da instituição de um regime como este poderão ser muito avultados, sobretudo para os Estados membros "importadores líquidos", como é o caso de Portugal, pelo que todos os esforços envidados no sentido de passar a tributar as transacções intra-UE na origem foram malogrados, tendo-se abandonado em 2012 a ideia de um regime definitivo do IVA com tributação na origem para as transacções realizadas entre os Estados membros.[22]

Em Moçambique, nas transacções internacionais aplica-se o princípio de tributação no destino: as exportações são isentas no país onde saem as mercadorias e as importações são tributadas no país onde os bens dão entrada, às taxas e nas condições aí vigentes.

O facto de o IVA garantir uma aplicação adequada do princípio do destino relativamente aos demais impostos sobre as tran-

---

uma vez que se limita às transacções efectuadas no seio do espaço da UE não abrangendo todos os países fora deste espaço.

[22] Conforme refere António Carlos dos Santos, "Integração europeia e abolição das fronteiras fiscais. Do princípio do destino ao princípio da origem?", Separata da *CTF* n.º 372, Out./Dez 1993, p. 47, nota de rodapé 109, de acordo com um estudo da Comissão de 25 de Agosto de 1987, os EM importadores líquidos seriam, ainda em milhões de ECUS, a Dinamarca (+680), a Espanha (+132), a França (+1241), a Grécia (+437), a Irlanda (+52), a Itália (+147), Portugal (+77) e o Reino Unido (+1845). Os exportadores seriam a Alemanha (-3524), a Holanda (-1509) e a União Económica entre a Bélgica e o Luxemburgo (-747). Para uma actualização destes dados veja-se *Comission Staff working paper on measures to change VAT system to fight fraud, 6859/08, ADD 1, FISC 24*, Brussels, 22 February 2008.

sacções foi uma das suas vantagens mais notadas. De facto, como referimos, com este tipo de imposto é possível proceder-se a um adequado ajustamento fiscal na fronteira nas exportações, através da concessão de uma isenção com direito ao imposto suportado a montante, e nas importações, com pagamento do IVA no acto do desembaraço aduaneiro e atribuição do direito à dedução do imposto a jusante. Ora, como salienta Teodoro Waty, ao assentar no princípio de tributação no destino, o IVA desempenha uma função de elemento equilibrador da concorrência, dado que a maioria dos parceiros comerciais de Moçambique exonera de tributação as respectivas exportações e tributam as importações, garantindo-se, assim, a competitividade e uma igualdade de tratamento entre produtos nacionais e estrangeiros.[23]

1.6. *Um imposto adaptado à realidade nacional*

Comparando o IVA moçambicano com o sistema de IVA vigente na UE, a primeira conclusão que retiramos, como referimos, é a de que é muito semelhante a este.

Contudo, diversamente do que se constata na UE, o legislador em Moçambique tem a vantagem de não se encontrar vinculado a um modelo comum, pelo que pode e deve adaptar o sistema à realidade nacional.

É precisamente o que se passa com o IVA moçambicano. O sistema de IVA vigente é mais simples que o sistema vigente na UE, tratando-se, nomeadamente, de um sistema onde não há tributação dos subsídios e de taxa única. Todavia, o grau de generalidade do imposto acaba por ser menor, dado que a adaptação à realidade nacional teve por consequência a previsão de uma série de isenções contempladas, essencialmente, nos

---

[23] *Direito Fiscal*, W&W, Editora Limitada, Maputo, 2007, p. 203.

artigos 9.º a 14.º do CIVA e no Código dos Benefícios Fiscais, para além da consagração de regimes especiais e específicos.

2. A adopção do IVA pela CEE

2.1. *O IVA na União Europeia*

Constatando-se que o sistema do IVA moçambicano, nas suas linhas estruturais, não se afasta do sistema de IVA vigente na União Europeia, importa, ainda que brevemente, fazer uma alusão à introdução do IVA na CEE, actualmente UE.

As razões subjacentes ao processo de harmonização do IVA na União Europeia são fundamentalmente três:
- Prevenir que, através da tributação indirecta interna, os Estados membros introduzissem medidas fiscais que pusessem em cheque o objectivo da União aduaneira.
- Necessidade de se evitarem distorções de concorrência entre mercados nacionais e entre empresas que operam nesses mercados.
- A instituição do regime de receitas próprias do Orçamento comunitário (o IVA é um recurso próprio do Orçamento da UE desde 1970).

Desde a implementação do IVA na então Comunidade Económica Europeia, podemos afirmar que se distinguem três fases de harmonização do imposto.

Uma primeira fase em que foram aprovadas as denominadas Primeira e Segunda Directivas.[24]

Uma segunda fase que tem início com a Decisão de 1 de Abril de 1970 (de acordo com a qual se decide substituir as

---

[24] Directivas 67/227/CEE e 67/228/CEE, já cits.

contribuições financeiras dos Estados membros por recursos das Comunidades, entre os quais uma percentagem do IVA)[25] e que tem o seu apogeu com a aprovação da Sexta Directiva.[26]

Esta Directiva, uma vez alcançada a união aduaneira em 1968 e lançado o objectivo do mercado comum (um espaço económico liberalizado e integrado no qual circulam, sem discriminações, os factores de produção), tem, naturalmente, objectivos mais profundos de harmonização que ultrapassam o simples objectivo de remoção dos obstáculos fiscais ao comércio intracomunitário. O segundo sistema comum do IVA instituído pela Sexta Directiva, reformulada formalmente pela Directiva 2006/112/EC ("Directiva IVA"), caracteriza-se pela existência de uma base de incidência uniforme, de regras comuns em matéria de incidência objectiva e subjectiva, isenções e valor tributável, pela harmonização de regimes especiais e pelo alargamento obrigatório da tributação ao estádio retalhista e à generalidade das prestações de serviços.

Finalmente, uma terceira fase que pretende dar resposta ao desafio do mercado interno de 1993 – a instituição de um espaço sem fronteiras na UE no interior do qual circulam livremente pessoas, bens, serviços e capitais (as denominadas quatro liberdades de circulação), que implica a abolição de todos os obstáculos de natureza fiscal a qualquer uma delas. Nesta fase foi aprovado um regime transitório de tributação no destino para as transacções intracomunitárias[27], que se seguiu à aprovação do Livro branco para a realização do mercado interno em 1985 e à entrada em vigor do Acto Único Europeu em 1987.

---

[25] Publicada no JO n.º L 94, de 28.4.70.
[26] Directiva 77/388/CEE, já cit.
[27] Directiva 91/680/CEE, de 16.12.91, publicada no JO n.º L 376/1, de 31.12.91.

Recentemente, a 1 de Dezembro de 2010, a Comissão apresentou um Livro Verde sobre o futuro do IVA.[28] Este Livro pretendeu lançar uma discussão pública sobre a possível reforma do imposto[29], pedindo-se, até 31 de Maio de 2011, contributos a várias questões suscitadas de forma a, até finais de 2011, a Comissão poder emitir uma Comunicação sobre a matéria.

Na realidade, temos actualmente na UE um sistema bastante complexo. Importa melhorar o funcionamento do mercado único, maximizar a cobrança das receitas e reduzir a vulnerabilidade do sistema à fraude, tendo em consideração as alterações do contexto tecnológico e económico.

Na sua consulta pública, a Comissão recebeu mais de 1 700 contribuições.

Em sequência dos contributos recepcionados, a 6 de Dezembro de 2011, a Comissão apresentou uma Comunicação com um duplo objectivo: definir as características fundamentais de um futuro sistema de IVA que possa continuar a desempenhar a sua função de gerar receitas, estimulando, em simultâneo, a

---

[28] *Livro Verde sobre o futuro do IVA Rumo a um sistema de IVA mais simples, mais sólido e eficaz* Bruxelas, 1.12.2010, COM (2010) 695 final, {SEC (2010) 1455 final}. Um documento de trabalho dos serviços da Comissão, que inclui um exame mais completo e tecnicamente pormenorizado de alguns aspectos evocados neste documento, pode consultar-se em: http://ec.europa.eu/taxation_customs/index_en.htm_. Sobre o Livro Verde veja-se Clotilde Celorico Palma, "O Livro Verde sobre o Futuro do IVA – Algumas reflexões", *Revista de Finanças Públicas e Direito Fiscal da FDL*, IDEFF, n.º 1, Ano IV, Inverno 2011.

[29] Reformar as regras do IVA de «forma compatível com o mercado único» é uma das recomendações do chamado Relatório Monti, que propõe uma estratégia global para relançar o mercado único, apresentado em Maio de 2010 pelo Professor Mário Monti a pedido do Presidente da Comissão, *Uma nova estratégia para o mercado único: ao serviço da economia e da sociedade europeias,* http://ec.europa.eu/bepa/pdf/monti_report_final_10_05_2010_en.pdf.

competitividade da UE, e indicar os domínios prioritários para novas acções a empreender nos próximos anos.[30]

De acordo com as conclusões da Comissão, as características fundamentais de um novo sistema de IVA para a UE deverão ser duas, a saber: um sistema baseado no princípio do destino e um sistema mais simples, mais eficiente e robusto.

Como salienta, uma solução pragmática e politicamente viável será a manutenção do sistema de tributação no destino, abandonando-se o grande mito do IVA desde a sua instituição na então CEE: o princípio de tributação no Estado membro de origem nas transacções realizadas entre Estados membros.

No que toca à simplificação, salienta que deverá abranger quer a legislação do IVA da UE quer as questões relacionadas com a administração fiscal, devendo procurar-se obter uma aplicação mais alargada de balcões únicos[31] e fornecer às empresas informações melhores e mais acessíveis a nível da UE.

---

[30] COM (2011) 851 final.

[31] Nas operações realizadas entre sujeitos passivos de IVA (operações B2C) sujeitas a IVA e localizadas num Estado membro diferente daquele em que o fornecedor ou o prestador se encontra estabelecido, o cumprimento das regras específicas desse Estado membro nem sempre é fácil. Para o efeito, encontra-se previsto no sistema comum do IVA na UE, apenas nos casos da prestação de serviços electrónicos realizadas entre sujeitos passivos e particulares (operações B2C) efectuadas por prestadores de países terceiros não estabelecidos na UE, um mecanismo de balcão único. De acordo com este mecanismo, o operador do país terceiro, não obstante localizar as suas operações em diferentes Estados membros, escolhe apenas um como Estado membro através do qual irá cumprir as suas obrigações, obtendo junto deste um número de identificação fiscal e cumprindo as suas obrigações via electrónica através de uma declaração única.

Sobre esta questão veja-se Mário Alexandre, "A evolução do sistema comum do IVA, o mecanismo de 'balcão único' ou one-stop shop'", *Vinte Anos de Imposto Sobre o Valor Acrescentado em Portugal: Jornadas Fiscais em Homenagem ao Professor José Guilherme Xavier de Basto*, Almedina, Novembro 2008, pp. 155-165.

De forma a dotar o sistema IVA de maior eficácia, a Comissão defende o alargamento da base fiscal e a limitação da utilização das taxas reduzidas.

Para tornar o sistema IVA mais robusto e imune à fraude, sublinha a necessidade de um mecanismo de reacção rápida para enfrentar a fraude súbita, bem como uma abordagem através de instrumentos jurídicos "não vinculativos".

2.2. O IVA em Portugal

O IVA é, desde 1 de Janeiro de 1986, a base do sistema de tributação do consumo em Portugal, facto que seria obrigatório dada a adesão à então Comunidade Económica Europeia.[32] Contudo, reconhece-se expressamente no preâmbulo do Código do IVA português que a adopção do IVA em Portugal, independentemente da obrigatoriedade decorrente da adesão à CEE, se baseou nas suas virtudes face aos problemas existentes com os impostos vigentes, concretamente com o Imposto de Transacções (um imposto monofásico no grossista), incapaz de gerar o nível de receitas desejado, o que se traduzia num nível elevado da taxa concentrada no estádio grossista e no aumento das situações de fraude e evasão fiscal. Acresce que este tributo se revelava como pouco apto para tributar os serviços. Assim, como se reconhece no Preâmbulo do Código, *"A entrada em vigor deste diploma num momento em que Portugal se não encontra vinculado a qualquer aproximação ao acquis communautaire significa, todavia, que a opção pelo IVA como modelo de tributação geral do consumo se desligou das incidências da adesão à CEE para assentar nos próprios méritos do IVA em confronto com o IT.*

---

[32] O Tratado de Adesão de Portugal à CEE foi assinado em Lisboa em 12 de Junho de 1985, tendo entrado em vigor a 1 de Janeiro de 1986.

(...)
Não oferece hoje dúvida séria que o IVA, envolvendo uma técnica muito mais perfeita que a do IT, assegura uma maior neutralidade na tributação e constitui um sistema com maiores potencialidades na obtenção de receitas."

Neste contexto, o IVA foi adoptado independentemente da Adesão, por mérito próprio, tendo o Código do IVA sido aprovado a 26 de Dezembro de 1984. O processo de implantação do IVA em Portugal foi feito de forma cuidadosa. A operação de registos dos contribuintes iniciou-se em Janeiro e Fevereiro de 1984, o Serviço de Administração do IVA foi criado a 28 de Fevereiro de 1985, foi feita uma formação atempada dos funcionários, foram realizadas diversas acções de esclarecimento dos contribuintes e o imposto entrou em vigor a 1 de Janeiro de 1986 (data da Adesão à CEE).

Em geral, como nota Arlindo Correia, feita a incursão pela história da introdução do IVA e da implantação da sua administração, pode concluir-se que se tratou *"nitidamente de um caso de sucesso, pesem embora dois ou três pormenores que correram menos bem."*[33]

O IVA tornou-se logo a principal fonte de receita do Estado (excluindo as quotizações para a Segurança Social). Não houve perturbações graves na economia e no funcionamento da máquina fiscal. Foi bem aceite pela população (embora se dissesse que "Isto Vai Aumentar").

Actualmente os problemas fundamentais prendem-se essencialmente com o peso significativo de contribuintes e situações abrangidas por regimes especiais. Na realidade, cerca de metade dos sujeitos passivos de IVA em Portugal estão inscritos nos

---

[33] *In* "A Experiência Administrativa da Introdução ao IVA", *Vinte Anos de Imposto Sobre o Valor Acrescentado em Portugal: Jornadas Fiscais em Homenagem ao Professor José Guilherme Xavier de Basto, op. cit.*, p. 21.

regimes especiais de isenção dos artigos 53.º a 59.º do Código do IVA (equivalente ao regime previsto no artigo 35.º e ss do CIVA moçambicano), estando cerca de 40% abrangidos pela isenção do regime do artigo 53.º.

Verifica-se uma extrema concentração de imposto num número reduzido de sujeitos passivos. De acordo com os dados oficiais disponíveis (ano de 2000, Instituto Nacional de Estatística), de um universo superior a 770.000 contribuintes, 192 sujeitos passivos eram responsáveis por mais de um terço do IVA entregue nos cofres do Estado, e 0,6% dos sujeitos passivos representavam quase dois terços do total da arrecadação, enquanto, no outro extremo, o IVA relativo a 565.000 sujeitos passivos (cerca de 73% do universo dos contribuintes) não chegava a atingir 2,5% da cobrança.

Sobre os efeitos económicos deste imposto, Gomes Santos, num estudo recente muito interessante, nota que na perspectiva orçamental o peso do IVA tem vindo a reforçar-se de forma continuada e com estabilidade, situando-se à volta dos 23% a partir de 1994 e bem acima da média da União Europeia (4% acima).[34]

Quanto a dados de eficiência económica, os estudos internacionais, basicamente os da OCDE, apontam para os 55-60% nos últimos 10 anos, acima da média da União Europeia e de muitos outros países de referência.

---

[34] *In* "O IVA – Um Imposto (muito especial) sobre o Consumo", *Vinte Anos de Imposto Sobre o Valor Acrescentado em Portugal: Jornadas Fiscais em Homenagem ao Professor José Guilherme Xavier de Basto, op. cit..*

3. A adopção do IVA por Moçambique

Poderemos resumir as seguintes características do IVA em Moçambique:
- Similar ao IVA da UE (CIVA de Moçambique muito semelhante ao CIVA de Portugal), mas adaptado à realidade moçambicana
- Relativamente simples
- Modelo IVA tipo consumo
- Imposto geral sobre bens e serviços
- Incide em todas as fases do circuito económico
- Limitação do universo de contribuintes do regime normal e criação de regimes especiais para pequenas e médias empresas
- Economicamente neutro
- De elevado rendimento
- Administrativamente eficiente
- Liquidação e cobrança – método do crédito de imposto
- Imposto de taxa única e taxa zero para exportações
- Adopção do método do reporte do imposto como regra geral
- Tributação no destino para as operações internacionais
- Existência de três níveis de enquadramento dos sujeitos passivos: regime geral, regimes de pequenos contribuintes e regimes específicos

Em 1998, vésperas de adopção do IVA, vigoravam em Moçambique o Imposto de Circulação, um imposto geral sobre a venda de bens e prestação de serviços, do tipo cumulativo, o Imposto de Consumo, incidente sobre um conjunto alargado de produtos constantes de tabela própria, o Imposto de Turismo, incidente sobre os bens e serviços prestados no âmbito da hotelaria e turismo e o Imposto sobre Combustíveis, incidente sobre os produtos derivados do petróleo.

Com a reforma da tributação do consumo foi introduzido o IVA e revogado o Imposto de Circulação, foi reduzido o âmbito de incidência do Imposto do Selo, o Imposto de Consumo foi transformado em Imposto Especial de Consumo, o Imposto de Turismo foi eliminado e incluiu-se o sector de transportes no IVA.

Os motivos subjacentes à introdução do IVA consistiram essencialmente no facto de já ser o modelo de tributação utilizado num grande número de países (à data já mais de 140), de permitir a integração internacional das economias, garantir receitas fiscais adequadas, acolher a desoneração fiscal total dos produtos nacionais destinados à exportação e, basicamente, apresentar três grandes virtudes: produtividade, neutralidade e eficiência.[35]

O principal imposto existente sobre o consumo existente à data, o Imposto de Circulação, era igualmente um imposto geral, incidindo sobre todos os bens e serviços com taxas de 5% na produção e de 10% nos estádios grossista e retalhista.[36]

Ora, não obstante este tributo gerar muita receita para o Estado, o certo é que incentivava o mercado informal e produzia

---

[35] Cfr. Changa, Aboobacar Zainadine Dauto – "A implementação do IVA em Moçambique", AAVV – *IVA para o Brasil, Contributos para a Reforma da Tributação do Consumo*, op.cit..

[36] Sobre o sistema fiscal moçambicano antigo veja-se António Carlos dos Santos, "As transformações do sistema fiscal moçambicano: da independência à reestruturação de 1987", *CESA – Centro de Estudos sobre África*, Instituto Superior de Economia e Gestão 1989, e, numa óptica comparativa, "Sistemas fiscais: conceitos e tipologias à luz das experiências angolana e moçambicana, *CTF* n.º 356, 1989. Sobre o sistema vigente veja-se *Manual do Imposto sobre o Valor Acrescentado*, 2 de Dezembro de 2011, ACIS em cooperação com USAID, SPEED e Deloitte, *O IVA no sector da agricultura em Moçambique (Draft report)*, USAID, SPEED, Fevereiro de 2112, e, do Ministério das Finanças, Autoridade Tributária de Moçambique, o *Manual de Reembolso do IVA*, Maputo, Novembro de 2007, o *Manual de Fiscalização de Mercadorias em Circulação*, Maputo, Outubro de 2007 e as *Perguntas Mais Frequentes em sede do IRPS, IRPC e IVA*, Maputo.

efeitos inflacionistas nos preços dos bens quer a nível interno quer dos bens para exportação. Por sua vez, o Imposto de Consumo era um tributo monofásico que incentivava a evasão e o contrabando. Neste contexto, a adopção do IVA em Moçambique surge como uma consequência natural das suas virtudes face aos seus antecessores e ao contexto do país, nomeadamente aos seus parceiros comerciais.[37]

Em suma, tal como sucedeu em Portugal e, em geral, na grande maioria dos países que adoptaram este imposto, também em Moçambique o IVA foi adoptado essencialmente devido às suas virtudes.

O Código do IVA foi aprovado através do Decreto n.º 51/98, de 29 de Setembro, e o imposto entrou em vigor em 1 de Junho de 1999, tendo sido revogados, a partir desta data, os Códigos do Imposto de Circulação e do Imposto de Consumo, bem como a legislação complementar respectiva.

A introdução deste imposto em Moçambique consubstanciou uma relevante reforma no sentido da modernização do seu sistema fiscal, tendo ainda sido introduzido na Reforma de 1999, como mencionámos, o Imposto sobre Consumos Específicos, que tributa selectivamente determinados bens enunciados na tabela anexa ao respectivo Código, aprovado por Decreto n.º 52/98, de 29 de Setembro.

O Código do IVA foi posteriormente objecto de alterações através da Lei n.º 15/2002, de 26 de Junho, e da Lei n.º 32/2007, de 31 de Dezembro, que veio revogar o Decreto n.º 51/98, de 29 de Setembro, e suas alterações, os Decretos n.ºs 78/98 e 79/98, ambos de 29 de Dezembro, os Decretos n.ºs 34/99, 35/99 e 36/99, todos de 1 de Junho[38], bem como toda a legislação complementar contrária à Lei n.º 15/2000.

---

[37] Cfr. Teodoro Waty, *Direito Fiscal*, op. cit., p. 203.
[38] Estes diplomas regulamentavam a aplicação do IVA às transmissões de bens e às prestações de serviços cujos preços são fixados pelas autoridades

O Código do IVA em vigor é o Código aprovado em anexo à Lei n.º 15/2007, de 31 de Dezembro, que reformulou a Lei n.º 15/2002, de 26 de Junho (anterior CIVA), atendendo à necessidade de reformulação da tributação indirecta, tendo sofrido uma grande redução das suas disposições, dado que se optou por contemplar alguns aspectos no novo Regulamento da Cobrança, do Pagamento e do Reembolso do IVA, aprovado pelo Decreto n.º 77/98, de 29 de Dezembro[39], na Lei n.º 2/2006, de 22 de Março, que estabelece os princípios e normas gerais do ordenamento jurídico tributário da República de Moçambique, à qual passamos a chamar Lei Geral Tributária (LGT) e no Regime Geral das Infracções Tributárias, aprovado pelo Decreto n.º 46/2006, de 26 Dezembro.

O CIVA deve ser aplicado conjuntamente com a demais legislação complementar.[40] Com efeito, para além do CIVA, existe alguma legislação complementar, nomeadamente o Regulamento do CIVA/RECIVA, anexo ao Decreto n.º 7/2008, de 16 de Abril (sistematiza aspectos fundamentais da aplicação do imposto de forma resumida, pormenoriza obrigações e disciplina os regimes específicos) e o aludido Regulamento da Cobrança, do Pagamento e do Reembolso do IVA.

Poderemos sintetizar da seguinte forma os principais regimes e legislação existentes:

---

públicas. Os Decretos n.ºs 34/99, 35/99 e 36/99, de 1 de Junho, e 80/99, de 1 de Novembro, estabeleciam, respectivamente, normas específicas de aplicação do imposto na transmissão de combustíveis, energia eléctrica e serviços de aeronáutica, tendo sido, grosso modo, incluídos nas regras de cálculo do valor tributável das operações constantes do artigo 15.º do CIVA.

[39] O Decreto n.º 77/98 foi alterado pelos Decretos n.º 16/1999, de 27 de Abril e n.º 29/2000, de 10 de Outubro.

[40] Em especial sobre o Código do IVA em Moçambique na versão anterior à de 2007, veja-se Graça Fumo e Idália Magane, *Código do IVA comentado*, Moçambique Editora, Ernst & Young, 1ª Edição, Junho de 2004.

- Regime geral de tributação – CIVA, RECIVA e REC-PRIVA
- Regimes de pequenos contribuintes:
- Regime de Isenção (artigos 35.º a 41.º do CIVA)
- Regime de Tributação Simplificada (artigos 42.º a 49.º do CIVA)
- Regimes específicos (tributação pela margem):
- Regime das agências de viagens e operadores de circuitos turísticos (artigos 38.º a 46.º do RECIVA)
- Regime dos bens em segunda mão (artigos 47.º a 49.º do RECIVA)
- Isenções no Código dos Benefícios Fiscais, anexo à Lei n.º 4/2009, de 12 de Janeiro.
- Regime Especial de Exigibilidade do Imposto sobre o Valor Acrescentado nas Empreitadas e Subempreitadas de Obras Públicas, aprovado pelo Decreto n.º 27/2000, de 10 de Outubro.

Para além da supracitada legislação, tenha-se ainda em consideração, nomeadamente, a seguinte:

- Diploma Ministerial n.º 198/98 de 30 de Outubro, que aprova o Regulamento das Operações de Registo Prévio em IVA.
- Decreto n.º 80/99, de 1 de Novembro, referente à aplicação do Imposto sobre o Valor Acrescentado nas transacções que tenham por objecto o fornecimento de água potável.
- Despacho de 15 de Junho de 1999 do Ministro do Plano e Finanças, que aprova os modelos de livros de escrituração previstos no Código do IVA.
- Despacho de 1 de Março de 1999 do Ministro do Plano e Finanças, referente aos requisitos para a obtenção da autorização para impressão de facturas por parte das tipografias.

- Decreto n.º 28/2000, de 10 de Outubro, relativo ao uso de máquinas registadoras pelos sujeitos passivos do IVA sempre que os mesmos beneficiem de dispensa de emissão de facturas ou documentos equivalentes e sejam obrigados a emitir talões de venda.
- Decreto n.º 26/2000, de 10 de Outubro, relativo à prestação de serviços de transporte rodoviário de passageiros.
- Decreto n.º 36/2000, de 17 de Outubro, que aprova o Regulamento sobre os Documentos que devem acompanhar as Mercadorias em Circulação, estabelecendo normas que regulamentam a fiscalização e circulação de mercadorias no sentido de controlar o cumprimento das obrigações para efeitos de IVA.
- Lei n.º 5/2009, de 12 de Janeiro, que aprovou o Código do Imposto Simplificado para Pequenos Contribuintes e cria o Imposto Simplificado para Pequenos Contribuintes.
- Despacho de 9 de Março de 2011, que visa regulamentar o processamento e utilização dos livros obrigatórios de escrituração mercantil através de meios informáticos.

II
Regime Geral do IVA nas Operações Internas

1. Procedimento de resolução de uma questão

Regra geral, para efeitos deste imposto os principais passos a seguir para resolvermos uma questão poderão resumir-se da seguinte forma:

a) Qualificação da operação – é o primeiro passo a dar e, por vezes, o mais difícil. Temos que ter presente o facto de em sede de IVA termos uma linguagem muito específica. Em regra, prevalece o sentido económico dos factos. Encontramos alguns conceitos específicos, tais como, por ex., o conceito de organismo sem finalidade lucrativa, consagrado no artigo 10.º do Código, utilizável para efeitos da concessão de isenções previstas no respectivo artigo 9.º. Assim, nomeadamente, uma cooperativa não é, sem mais, um organismo sem finalidade lucrativa para efeitos do Código. Com efeito, para se tratar de um organismo sem finalidade lucrativa devem encontrar-se preenchidos todos os requisitos cumulativos previstos no artigo 10.º do Código do IVA. Outro exemplo é o da definição de facturas ou documentos equivalentes. Para efeitos de IVA apenas são considerados como tal, regra geral, os documentos que têm todos os requisitos previstos no n.º 5 do artigo 27.º do Código.

Noutras situações a dificuldade consiste, na ausência de um conceito específico dado pelo legislador, em saber que realidades se encontram abrangidas num determinado conceito. É certo que, nos termos do disposto no n.º 4 do artigo 10.° da Lei Geral Tributária, sempre que, na legislação tributária, se empreguem termos próprios de outros ramos de direito, devem estes ser interpretados no mesmo sentido daquele que aí têm, salvo se outro decorrer do fim da norma tributária. Por outro lado, o n.° 3 da referida disposição legal acrescenta que, no caso de persistir a dúvida sobre o sentido das normas de incidência a aplicar, se deve atender à substância económica dos factos.

De qualquer forma, subsistem, diversas vezes, muitas dúvidas sobre a qualificação dos factos, dúvidas essas que implicam, não raras vezes, consoante a respectiva resolução, um diferente tratamento fiscal da nossa operação;[41]

b) Incidência objectiva – As regras de incidência objectiva dizem-nos quais as operações sujeitas a IVA, definindo determinados requisitos. Neste âmbito importa verificar se as nossas operações se qualificam face ao Código como sujeitas a imposto (artigos 1.°, 3.°, 4.° e 5.°);

c) Incidência subjectiva – As normas de incidência subjectiva respondem-nos à questão de saber quem é sujeito passivo do imposto pela prática de determinadas operações (artigo 2.° do Código). Passado o "teste" das normas de incidência objectiva e subjectiva, temos em mãos operações tributáveis. Resta-nos agora saber se estas nossas operações são ou não tributáveis em território nacional;

---

[41] Recorda-se, a título de exemplo, uma situação que durante anos se arrastaram na Administração Fiscal portuguesa, tendo passado por diversos Gabinetes ministeriais de diferentes governos e que acabaram por ser resolvidas pelos tribunais. Prendia-se com o facto de sabermos se os colchões ortopédicos e, em especial, determinado tipo destes colchões, eram ou não considerados para efeitos de IVA como "aparelhos ortopédicos", devendo passar a ser tributados à taxa reduzida. O problema fulcral prendia-se, "tão simplesmente", com a magna questão da qualificação destas operações.

d) Localização – Estas regras respondem-nos à dúvida de saber se a nossa operação é tributável ou não em território nacional (artigo 6.º do Código). Da sua leitura "apenas" ficaremos a saber se a operação é ou não tributável cá;

e) Isenções – Após localizarmos a nossa operação tributável em Moçambique, importa apurar se é ou não efectivamente tributada[42] (artigos 9.º a 14.º do Código);

f) Determinação do valor tributável – Caso se conclua que a operação é tributada, vamos apurar qual o valor sobre o qual vai incidir o imposto (artigo 15.º do Código);

g) Taxas – Determinado o valor tributável, teremos que liquidar o IVA à taxa única prevista no artigo 17.º do Código;

h) Direito à dedução – De forma a fazer o cálculo do IVA a entregar ou a receber do Estado, iremos aplicar as regras relativas ao direito à dedução constantes dos artigos 18.º a 22.º do Código;

i) Obrigações dos contribuintes – Encontram-se dispersas por várias normas do CIVA e dos dois Regulamentos, podendo distinguir-se, tal como iremos verificar, em obrigações declarativas, de pagamento, de facturação, contabilísticas e de conservação de documentos.

---

[42] Deveremos sempre fazer uma clara distinção entre estas duas realidades, não nos esquecendo que uma operação isenta se trata de uma operação sujeita a imposto mas dele isenta. Relativamente a uma operação não sujeita não se questiona, sequer, da aplicabilidade de uma isenção. Não é um qualquer capricho académico. Note-se, designadamente, que as actividades sujeitas mas isentas não liberam o sujeito passivo do cumprimento de algumas obrigações declarativas, para que a Administração Tributária possa controlar adequadamente os requisitos da isenção, ao passo que não se exige o cumprimento de obrigações aos não sujeitos passivos.

2. Âmbito de aplicação territorial do imposto

Para efeitos de aplicação das regras do IVA, designadamente, tendo em consideração uma correcta qualificação das nossas operações, temos que determinar previamente o âmbito de aplicação do imposto em termos territoriais. De acordo com o disposto no n.º 2 do artigo 1.º do CIVA, e em conformidade com o conceito que consta da CRM, o território nacional abrange toda a superfície terrestre, a zona marítima e o espaço aéreo, delimitados pelas fronteiras nacionais.

3. Operações sujeitas

De acordo com o disposto no artigo 1.º, n.º 1, estão sujeitas a IVA:
a) As transmissões de bens e as prestações de serviços:
– Efectuadas no território nacional – Ou seja, localizadas no território nacional de acordo com as regras do artigo 6.º do Código;
– A título oneroso – Isto é, em regra a operação para ser tributada em IVA deve ser onerosa, mas vamos ver que há operações gratuitas que são equiparadas a onerosas, devendo, enquanto tal, ser tributadas em IVA. Por outro lado, o facto de uma operação ser onerosa não significa que a contraprestação tem necessariamente que ser expressa em dinheiro. Com efeito, como iremos analisar, no caso de a contraprestação não ser expressa em todo ou em parte em dinheiro, implica que se apure o valor normal que seria pago em circunstâncias similares;
– Por um sujeito passivo agindo como tal – Ou seja, caso estas operações não sejam efectuadas por um sujeito passivo que não age em tal qualidade, estamos no âmbito de

actividades privadas não tributadas, bem como no caso de as operações serem efectuadas por um particular;
b) As importações de bens.

Isto é, de acordo com as regras de incidência objectiva do imposto temos que reunir em simultâneo três requisitos, a saber, territorialidade, carácter oneroso da operação e elemento subjectivo.

3.1. *As transmissões de bens*

O conceito de transmissão de bens para efeitos de IVA vem previsto no artigo 3.º, n.º 1, do CIVA. Em conformidade com esta definição, considera-se enquanto tal a *"Transferência onerosa de bens corpóreos por forma correspondente ao exercício do direito de propriedade"*.

Desta definição retiramos as seguintes ilações:

a) Regra geral, apenas as transmissões efectuadas a título oneroso são sujeitas a IVA;

b) Uma transmissão de bens para efeitos de IVA implica a existência de um bem corpóreo, móvel ou imóvel. Isto é, ficam fora deste conceito as transferências onerosas de bens incorpóreos, que serão tributáveis em sede de IVA como prestações de serviços. Devido a este facto é que, v.g., uma transmissão de bens *on line*, isto é, em que a encomenda e a entrega são feitas electronicamente, é qualificada para efeitos deste imposto como uma prestação de serviços, existindo inclusive na União Europeia orientações expressas nesse sentido, tendo-se mudado as regras de localização das operações por esse facto, introduzindo-se normas específicas para as prestações de serviços efectuadas via electrónica;

c) Trata-se de um conceito de natureza económica. Com efeito, não é necessário que o transmitente seja proprietário do bem transmitido. Veja-se, neste sentido, a preocupação do legislador em determinar que a transferência se deve efectuar "*por forma correspondente ao exercício do direito de propriedade*", fazendo prevalecer a realidade económica sobre os conceitos jurídicos. Assim, temos como operações tributáveis transmissões de bens efectuadas por possuidores ou meros detentores do bem, que tenham a disponibilidade económica do mesmo.

3.1.1. *Operações assimiladas a transmissões de bens*

O CIVA assimila diversas operações a transmissões de bens, quer porque os bens não são corpóreos, quer para fazer prevalecer a substância económica do negócio, quer porque as transmissões são gratuitas.

Assim, temos assimiladas a transmissões de bens:

a) O fornecimento de energia eléctrica, gás, calor, frio e similares. Para este efeito, o legislador vem expressamente referir que estes bens são considerados como corpóreos (artigo 3.º, n.º 2);

b) A entrega material de bens em execução de um contrato de locação com cláusula, vinculante para ambas as partes, de transferência de propriedade (artigo 3.º, n.º 3, alínea a)). Eis uma situação – contrato de locação venda – em que juridicamente não temos ainda uma transmissão de bens, mas na qual dado, substancialmente, existir já uma transferência com obrigatoriedade de venda, se justifica a existência de uma transmissão para efeitos de IVA e, consequentemente, a liquidação do imposto. Diversamente, nas situações de locação com opção de compra (contrato de *leasing)*, a transferência do bem só ocorrerá se efectivamente existir compra, pelo que em tais circunstâncias se deverá liquidar imposto nas rendas, a título de prestação de serviços, e, aquando da venda, sobre o valor atribuído (correntemente designado "valor residual"), a título de transmissão de bens;[43]

c) A entrega material de bens móveis decorrente da execução de um contrato de compra e venda em que se preveja a reserva de propriedade até ao momento do pagamento total ou parcial do preço (artigo 3.º, n.º 3, alínea b)). Estamos, neste caso, perante um contrato de compra e venda a prestações, de acordo com o qual a transferência da propriedade ocorre aquando do pagamento total ou parcial do preço. Trata-se de uma situação idêntica à supra descrita em b), em que, embora juridicamente não exista uma transmissão, existe já uma entrega dos bens, pelo que importa tributar em sede deste imposto;

d) As transferências de bens entre comitente e comissário[44] efectuadas em execução de um contrato de comissão de-

---

[43] Enquanto no contrato de locação venda a transferência de propriedade é vinculativa, no caso do *leasing* existe opção de compra, daí o distinto tratamento destas operações em sede de IVA. Note-se que no contrato de locação financeira, contrariamente ao que sucede no contrato de locação venda, o objectivo primordial é o financiamento de um bem e não a sua transmissão. Em termos económicos, o contrato de locação venda produz efeitos idênticos a uma transmissão de bens, pelo que se justifica inteiramente a sua tributação nos termos referidos, assegurando-se uma adequada identidade de tratamento fiscal, conforme se explicita no *Código do Imposto sobre o Valor Acrescentado. Notas Explicativas e Legislação Complementar*, Direcção-Geral dos Impostos, Portugal, 1985, p. 42.

[44] Comitente é a pessoa que, por livre nomeação ou mera designação de facto, encarrega outra de um serviço qualquer (comissário) gratuito ou retribuído, no seu próprio interesse, quer permanente quer ocasional; pressupõe uma relação de autoridade. Comissário, aquele que aceita voluntariamente o encargo, ficando sob as ordens ou instruções do comitente, mesmo que este se proponha utilizar os conhecimentos ou melhorar a preparação técnica daquele; pressupõe sempre uma relação de subordinação.

finido no Código Comercial, incluindo as transferências entre consignante e consignatário de mercadorias enviadas à consignação (artigo 3.º, n.º 3, alínea c)).[45]

Conforme se refere nesta norma, na comissão de venda considerar-se-á comprador o comissário e na comissão de compra o comitente. Caso não se assimilassem estas transferências a transmissões de bens, iríamos interromper a cadeia das deduções, mecanismo básico do funcionamento do imposto. Com efeito, de acordo com as regras do direito privado, na comissão de venda o IVA suportado a montante pelo comitente não seria dedutível, uma vez que a venda é efectuada pelo comissário em seu próprio nome, pelo que se iriam provocar efeitos cumulativos ou em cascata de imposto sobre o imposto. Os mesmos efeitos se verificariam na comissão de venda.

Isto é, trata-se de um expediente de natureza técnica que visa assegurar a neutralidade do imposto, que é completado mais adiante pela norma relativa à determinação do valor tributável constante do artigo 15.º, n.º 2, alínea e);

e) A não devolução, no prazo de 180 dias da data da entrega ao destinatário, das mercadorias enviadas à consignação (artigo 3.º, n.º 3, alínea d)).

O contrato de consignação é caracterizado pelo envio de mercadorias por uma das partes, para que a outra

---

[45] Esta disposição, ao incluir o caso das transferências entre consignante e consignatário, acaba por ser de interpretação difícil quando conjugada com o disposto na alínea seguinte. Contudo, da leitura das normas conjugadas do artigo 29.º e do artigo 8.º, conclui-se que a exigibilidade do imposto só ocorre após o prazo de 180 dias da não devolução das mercadorias enviadas. Ou seja, a inclusão da consignação na alínea d) do n.º 3 do artigo 3.º tem em vista apenas a obrigatoriedade de emissão de factura ou documento equivalente, o que não justifica a sua inclusão neste dispositivo que assim se torna de difícil compreensão.

parte as venda com direito a uma participação nos lucros e a obrigação de devolver os bens que não foram alienados. Ora, para efeitos de IVA, se o consignatário não devolver as mercadorias no prazo de 180 dias a contar da data de entrega ao destinatário, ocorre a transmissão dos bens, sendo o imposto exigível a partir deste momento (o valor tributável é o valor constante da factura provisória emitida aquando do envio das mercadorias à consignação, de acordo com o disposto no artigo 15.º, n.º 2, alínea a), do Código);

f) A afectação permanente de bens da empresa a uso próprio, do pessoal, ou em geral, a fins alheios à mesma, bem como a sua transmissão gratuita (ou seja, o desvio dos bens do seu destino natural a uma outra finalidade), quando, relativamente a esses bens ou aos elementos que os constituem, tenha havido dedução total ou parcial do imposto (artigo 3.º, n.º 3, alínea e)). Ex: a empresa compra computadores para sua utilização e deduz o IVA. Caso os ofereça a terceiros deve liquidar IVA.

Trata-se, neste normativo, da situação de tributação de auto consumo externo de bens. Pretende-se evitar casos de evasão, nos quais bens adquiridos para fins produtivos em relação aos quais tenha havido dedução do imposto são desviados, por exemplo, para consumo privado (como é sabido, os particulares não têm direito à dedução do IVA). Caso assim não se procedesse não se tributaria o acto de consumo, o que violaria o princípio da neutralidade, dado que as mesmas operações realizadas por terceiros sujeitos passivos do imposto são tributadas.

Este dispositivo só se justifica caso tenha sido exercido o direito à dedução do IVA. Caso o imposto não tenha sido deduzido, a operação não é tributável.

Relativamente a esta assimilação importa salientar o seguinte:
i) Estão expressamente excluídas, as amostras e as ofertas de pequeno valor, cujos limites serão objecto de regulamentação.

Isto é, excluem-se as amostras e ofertas de pequeno valor, em conformidade com os usos comerciais, dado o seu reduzido valor económico. Contudo, não foi regulamentada até à data a definição dos limites, facto que põe em causa a aplicabilidade desta exclusão quer por parte da Administração Tributária, quer por parte dos sujeitos passivos.[46]

ii) As "lembranças" oferecidas aos funcionários, por motivo de aniversário, a distribuição de brinquedos no Natal e o sorteio de objectos de uso pessoal pelos funcionários não deverão ser abrangidos, não sendo

---

[46] Em Portugal, a definição de amostra ou oferta de pequeno valor constava da Circular n.º 19/89, de 30 de Novembro. Esta Circular vigorou até 31 de Dezembro de 2007, tendo-se decidido com a Lei n.º 67-A/2007, de 31 de Dezembro, que aprovou o Orçamento do Estado para 2008, acolher tais definições na lei, em virtude de um Acórdão de 21 de Março de 2007, da 2.ª Secção de Contencioso Tributário do Supremo Tribunal Administrativo (STA), que veio considerar inconstitucional a fixação, por Circular da DGCI, de limites máximos para as amostras e ofertas de pequeno valor, dado se tratar de matéria reservada.

Segundo o STA, a Circular em que se fixavam aqueles limites continha uma regra de incidência objectiva de IVA que não foi criada por diploma emanado da Assembleia da República, tratando-se de matéria que se insere na reserva relativa de competência legislativa desta. Nesta conformidade, o STA anulou a liquidação de IVA que a Administração Fiscal tinha efectuado sobre ofertas que excediam os limites fixadas na Circular, cujas normas foram consideradas inconstitucionais. Sobre esta questão, veja-se Xavier de Basto,"Sobre o regime das amostras e ofertas de "pequeno valor", *Revista da Câmara dos Técnicos Oficiais de Contas* n.º 90, Setembro 2007.

tributáveis em sede de IVA, não se qualificando como amostras ou ofertas, mas sim como "gastos de acção social". Com efeito, de harmonia com o artigo 18.º do CIVA só geram direito à dedução as aquisições destinadas a fins empresariais, pelo que não se destinando as referidas aquisições a fins empresariais, não poderá o sujeito passivo proceder à respectiva dedução de acordo com o mencionado artigo 18.º, o que implicará, por seu turno, a não liquidação do imposto na respectiva transmissão gratuita;

iii) Trata-se, como se refere expressamente, de situações de afectação permanente de bens. Se a afectação for transitória (por ex., caso de um empréstimo de bens) a situação será tratada como assimilada a uma prestação de serviços, conforme o disposto no artigo 4.º, n.º 2, alínea a);[47]

iv) Não é obrigatória a repercussão do imposto nestes casos (n.º 3 do artigo 28.º);

h) A afectação de bens por um sujeito passivo a um sector de actividade isento e bem assim a afectação ao uso da empresa de bens referidos na alínea a) do n.º 1 do artigo 20.º (i.e., bens que não conferem direito à dedução do imposto), quando, relativamente a esses bens ou aos elementos que os constituem, tenha havido dedução total ou parcial do imposto. Trata-se, neste caso, de situações de auto consumo interno, abrangendo-se:

– As situações em que certos bens da empresa, sem que sejam retirados da mesma, são afectos a um sector de actividade isento, sendo que o sector de actividade a que inicialmente foram afectos conferia o direito à dedução do IVA suportado;

---

[47] Mais uma vez, temos uma situação específica no tocante à qualificação das operações em sede deste imposto...

– A afectação ou mudança de afectação de bens produzidos, construídos, extraídos, transformados, adquiridos ou importados no exercício da actividade económica do sujeito passivo, ao uso da empresa. Por ex., o caso da empresa adquirir uma fracção para venda que posteriormente destina a fins privados.

Tal como no caso que acabámos de examinar, pretende-se nesta situação evitar que despesas relativamente às quais o sujeito passivo não tenha direito à dedução, por serem afectas a uma actividade que não confere tal direito, passem a poder ser dedutíveis através deste mecanismo. Também nesta situação, naturalmente, o sujeito passivo deverá ter deduzido total ou parcialmente o imposto. Caso contrário, tais situações não são objecto de tributação.

Nos termos do disposto no artigo 3.º, n.º 5, embora seja considerada como transmissão de bens, o imposto não é devido nem será exigível, i.e., a operação não é tributada em IVA, quando estamos perante "... *cessões a título oneroso ou gratuito do estabelecimento comercial, da totalidade de um património ou de uma parte dele que seja susceptível de constituir um ramo de actividade independente, quando, em qualquer dos casos, o adquirente seja ou venha a ser, pelo facto da aquisição, um sujeito passivo do imposto dos referidos na alínea a) do n.º 1 do artigo 2.º, que pratique apenas operações que concedam direito à dedução*".

Trata-se de uma medida de simplificação administrativa que visa evitar sobrecarregar a tesouraria das empresas, aplicável, designadamente, nos casos de trespasse de estabelecimento, fusão, incorporação ou cisão de sociedades, e justificável, uma vez que há uma continuidade da actividade económica.

Relativamente a esta situação saliente-se o seguinte:
i) Só se aplica se o adquirente já for ou venha a ser um sujeito passivo de IVA;

ii) Não implica que o cessionário prossiga a mesma actividade do cedente, nem que aquele esteja legalmente autorizado para o exercício dessa actividade ou para a exploração do estabelecimento;
iii) Abrange apenas as cessões a título definitivo, excluindo-se as cessões temporárias de um estabelecimento comercial, que são qualificadas, face ao Código, como prestações de serviços. Com efeito, enquanto na cessão de exploração o cedente permite ao cessionário o gozo das utilidades propiciadas pelo estabelecimento comercial, no trespasse o cedente transmite definitivamente o estabelecimento comercial.[48]

O n.º 6 do artigo 3.º contempla uma cláusula anti-abuso, nos termos da qual se determina que, salvo prova em contrário. são considerados como tendo sido objecto de transmissão pelo sujeito passivo os bens adquiridos, importados ou produzidos que não se encontrarem nas existências dos estabelecimentos do sujeito passivo e bem assim os que tenham sido consumidos em quantidades que, tendo em conta o volume de produção, devem considerar-se excessivos.

Do mesmo modo, são considerados como tendo sido adquiridos pelo sujeito passivo os bens que se encontrarem em qualquer dos referidos locais.

De notar que a transmissão de bens em segunda mão efectuada por sujeitos passivos revendedores e por organizado-

---

[48] Note-se que o que está aqui em causa é um conjunto patrimonial objectivamente apto ao exercício de uma actividade económica e independente, composto por um conjunto de elementos corpóreos e incorpóreos, nomeadamente, direitos de propriedade intelectual e industrial, contratos de trabalho e outros, utensílios, máquinas, mercadorias, e passivo, susceptíveis de constituírem uma universalidade de bens ou unidade funcional. Isto é, o conceito de estabelecimento comercial a ter aqui em consideração é o conceito jurídico.

res de vendas em leilão, incluindo os objectos de arte, colecção e antiguidades é objecto de regulamentação especial, encontrando-se disciplinada no RECIVA, embora os conceitos fundamentais para efeitos da sua aplicação constem do CIVA, concretamente do seu artigo 3.º n.º 6, técnica legislativa esta que não se nos afigura muito adequada, parecendo-nos preferível voltar a acolher no CIVA todo este regime bem como o regime de tributação das agências de viagens e organizadores de circuitos turísticos.

3.1.2. *Tratamento dos donativos*

Caberá fazer uma referência, ainda que breve, ao tratamento fiscal dos donativos em sede de IVA.[49]

a) As doações serão tratadas como um contrato gratuito, excepto nos casos em que não existe *animus donandi* – aqueles em que as prestações de ambas as partes se equivalem, que serão tratados como um contrato oneroso, aplicando-se as regras gerais de tributação das operações realizadas a título oneroso;

b) Nas relações de índole mecenática, nas quais, ainda que ocorra a realização de contrapartidas pelo beneficiário, estas são de valor inferior ao do donativo, a sujeição ao imposto depende da eventual subsunção das operações decorrentes dessas relações nas regras do Código do IVA que assimilam, para efeitos de tributação, determinadas operações gratuitas a operações onerosas.

---

[49] Registe-se que esta matéria sempre se revelou especialmente delicada, dada a dificuldade, por vezes, de, na prática, se distinguir claramente o que é uma verdadeira doação.

Assim, se o beneficiário do donativo oferece bens corpóreos ao mecenas, a sua transmissão gratuita será, em princípio, sujeita a imposto nos termos da alínea f), do n.º 3, do artigo 3.º, se, relativamente a esses bens, a entidade que os oferece tiver beneficiado do direito à dedução, total ou parcial, do IVA que os onerou aquando da respectiva aquisição ou produção. Em tal caso, o valor tributável será determinado nos termos da alínea b) do n.º 2 do artigo 15.º: o preço de aquisição dos bens ou, na sua falta, o respectivo preço de custo, reportados ao momento de realização das operações.

Caso se trate de uma oferta de reduzido valor, não se verificará a sujeição a imposto, mesmo que tenha havido lugar à dedução total ou parcial do IVA contido nos bens objecto de transmissão gratuita. Quando as contrapartidas disponibilizadas pelos beneficiários do mecenato consistirem em prestações de serviços, serão sujeitas a IVA nos termos do disposto nas alíneas a) e b), do n.º 2, do artigo 4.º, sendo o respectivo valor tributável, de harmonia com o estabelecido na alínea c), do n.º 2, do artigo 15.º, o valor normal dos serviços;

b) No que respeita às consequências da divulgação do nome do mecenas, se estivermos perante uma mera referência à sua identidade, não deverá assumir a natureza de uma prestação de serviços para efeitos do IVA. Se a forma de divulgação da identidade do mecenas denotar uma intenção comercial ou promocional, estar-se-á perante uma prestação de serviços sujeita a imposto, devendo proceder-se à respectiva liquidação tendo por base o valor normal de tais serviços;

c) Relativamente aos donativos atribuídos pelos mecenas, deverá distinguir-se se são em dinheiro ou em espécie. Caso se tratem de donativos em dinheiro, a respectiva atribuição encontra-se fora do âmbito de incidência do IVA. No caso de os donativos serem concedidos em espécie, as transmissões de bens ou prestações de serviços efectuadas a título gratuito pelos mecenas, serão sujeitas a imposto nos termos, respectivamente, da alínea f), do n.º 3, do artigo 3.º, e das alíneas a) e b), do n.º 2, do artigo 4.º do CIVA.

3.2. *As prestações de serviços*

A natureza do IVA como um imposto geral sobre o consumo implicou a existência de um conceito residual ou negativo de prestação de serviços.[50] A incidência do IVA ganha, assim, uma vocação de universalidade. De acordo com o disposto no artigo 4.º, n.º 1, são qualificadas como prestações de serviços todas as operações realizadas a título oneroso que não se qualificam como transmissões ou importações de bens.

Assim, para efeitos deste imposto, são, designadamente, qualificadas como prestações de serviços, a cedência de direitos, de marcas, de patentes, a cedência de pessoal, a assunção de obrigações de não concorrência e o débito de despesas a título de repartição de despesas comuns.

Tendencialmente, a vocação de universalidade deste imposto implica que se entenda que qualquer tipo de atribuição patrimonial que não seja uma contrapartida de uma transmissão de bens tenha subjacente uma prestação de serviços tributável. Este

---

[50] O conceito de prestação de serviços acolhido no Código do IVA não corresponde ao civilístico, de acordo com o qual o contrato de prestação de serviços é aquele mediante o qual uma das partes se obriga a proporcionar à outra certo resultado do seu trabalho intelectual ou manual, com ou sem retribuição (artigo 1154.º do Código Civil).

facto leva, nomeadamente, a que o simples débito de despesas possa configurar uma operação tributável em sede deste imposto sendo, em último caso, o respectivo valor tributável, o valor normal, calculado nos termos do disposto no artigo 15.º, n.ºs 3 e 4.[51]

Todavia, sob pena de se violarem as características do imposto, para que se considere que existe uma prestação de serviços em sede de IVA deverá, naturalmente, existir um serviço enquadrável numa actividade económica, deverá existir um consumo.

Uma atribuição patrimonial feita por um sujeito passivo não pode ser considerada, sem mais, como contrapartida de uma operação tributável.

Ou seja, para que se esteja perante uma prestação de serviços para efeitos de IVA, é necessário que haja efectivamente o exercício de uma actividade económica. Caso contrário, será inaceitável a tributação de uma operação em sede deste imposto, invocando-se a natureza negativa do conceito de prestação de serviços. Em suma, a operação em causa tem que ter substância económica para que possamos tributá-la em IVA.

Ou seja, deverá aferir-se casuisticamente se existe ou não uma operação com substância económica que possamos tributar a título de prestação de serviços.

3.2.1. Operações assimiladas a prestações de serviços

Embora a regra, tal como verificámos quanto às transmissões de bens, seja a da tributação das prestações de serviços efectua-

---

[51] Tal como iremos referir mais adiante, apenas o débito das quantias pagas em nome e por conta de clientes, respeitantes a encargos por conta destes, não serão passíveis de tributação em IVA, sendo para o efeito necessário que as facturas ou documentos equivalentes tenham sido originariamente emitidas em nome dos clientes e contabilizadas em contas de terceiros apropriadas, de acordo com a alínea c) do n.º 6 do artigo 15.º do CIVA.

das a título oneroso, o Código assimila determinadas operações efectuadas a título gratuito a prestações de serviços efectuadas a título oneroso. Encontram-se nesta situação as seguintes operações:

    a) As prestações de serviços a título gratuito efectuadas pela própria empresa tendo em vista as necessidades particulares do seu titular, do pessoal ou em geral a fins alheios à mesma (artigo 4.º, n.º 2, alínea a)). Pretende-se igualmente nesta situação tributar o auto consumo externo de prestações de serviços evitando situações de evasão. Está aqui abrangida, por ex., a situação de uma consulta jurídica gratuita de um advogado a um amigo.
Note-se que igualmente em relação a estas operações se dispõe, no n.º 3 do artigo 37.º, que não é obrigatória a repercussão do IVA;[52]

    b) a utilização de bens da empresa para uso próprio do seu titular, do pessoal ou, em geral, para fins alheios à mesma e ainda em sectores de actividade isentos quando, relativamente a esses bens ou aos elementos que os constituem, tenha havido dedução total ou parcial do imposto (artigo 4.º, n.º 2, alínea b)). Trata-se aqui, novamente, de um caso de auto consumo. Todavia, não é um auto consumo externo, distintamente do que tratámos supra, dado que não se constata uma utilização integral dos bens em fins externos à empresa. Com efeito, diversamente do que se verifica relativamente às afectações de bens abrangidas pela assimilação do artigo 3.º, n.º 3, alínea f), aqui as afectações são efectuadas a título pontual, transitório.

Assim, por ex., se a empresa X adquirir uma determinada máquina para o exercício da sua actividade económica e deduzir o

---

[52] Sobre a repercussão no IVA, veja-se Bruno Botelho Antunes, *Da Repercussão Fiscal no IVA*, Almedina, Coimbra, Outubro 2008.

IVA suportado na aquisição, caso a ofereça ao administrador, está a fazer uma transmissão de bens, caso a empreste, está a efectuar uma prestação de serviços. Em ambos os casos deverá liquidar IVA.

Caso se esteja perante prestações de serviços efectuadas por intervenção de um mandatário agindo em nome próprio mas por conta do adquirente, este será, sucessivamente, adquirente e prestador do serviço (artigo 4.º, n.º 3). Ou seja, no caso de prestações de serviços por conta de terceiros, existem dois serviços: o serviço prestado pelo mandatário ao mandante e o prestado pelo mandatário ao terceiro. Visa-se, desta forma, evitar interromper a cadeia das deduções que ocorreria caso as prestações de serviços efectuadas por mandatários agindo em nome próprio não fossem assimiladas a prestações de serviços, tal como vimos supra em relação ao caso das transferências de bens efectuadas entre comitente e comissário.

Considera-se ainda prestação de serviços as operações realizadas pelas agências de viagens e operadores de circuitos turísticos, regime este que consta do RECIVA mas que, pelos motivos expostos supra no tocante ao Regime dos bens em segunda mão, entendemos que deveria ser acolhido na integra no CIVA.

3.2.2. *Exclusão do conceito de prestação de serviços*

Do conceito de prestação de serviços exclui-se a cedência de um direito ou de um conjunto de direitos, efectuada autonomamente ou em conjunto, que seja susceptível de constituir um ramo de actividade independente, quando, em qualquer dos casos, o adquirente seja ou venha a ser, por essa aquisição, um sujeito passivo de IVA (artigo 4.º, n.º 4).

Neste caso temos uma norma idêntica à que vimos anteriormente para as transmissões de bens prevista no artigo 3.º, n.º 4, com os mesmos objectivos de simplificação, "ignorando" a realização de transmissões de bens e prestações de serviços, desde que haja continuidade no exercício da actividade transferida. Estas medidas consagram, assim, um regime excepcional dentro da mecânica do imposto, justificando-se como medidas simplificadoras cujo objectivo é não criar obstáculos (através de pré-financiamentos avultados) à transmissão de empresas, no seu globo, ou pelo menos dos seus elementos destacáveis como unidades independentes (v.g., trespasse de estabelecimento comercial, transformação de uma exploração comercial individual em sociedade ou a operação inversa, cisão, fusão ou transformação de sociedades).

Tal 'ficção' de inexistência é então legitimada quer nessa 'sucessão' da actividade, quer numa total irrelevância ao nível da economia do imposto (o imposto liquidado pelo transmitente viria a ser imediatamente deduzido pelo adquirente).

Relativamente a esta situação deverá, consequentemente, atender-se ao seguinte:
i) Só se aplica se o adquirente já for ou venha a ser um sujeito passivo de IVA;
ii) Estão aqui em causa, exclusivamente, as situações de cedência definitiva de direitos ou de um conjunto de direitos;
iii) As cedências dos direitos só serão consideradas não sujeitas quando tais direitos sejam cedidos como parte de um conjunto patrimonial, configurando-se como susceptíveis de constituir um ramo de actividade independente.[53]

Encontram-se não sujeitas nos termos da referida disposição legal, designadamente, as cedências do direito ao trespasse, ao

---

[53] Ou seja, a cedência de direitos só poderá ser considerada como não sujeita se for efectuada a par de outros elementos corpóreos e incorpóreos – marcas, patentes, contratos de trabalho, utensílios, máquinas, mercadorias, etc.

arrendamento, marcas, patentes, etc., caso sejam efectuadas nas circunstâncias mencionadas.

3.3. *As importações de bens*

Sobre esta matéria veja-se o capítulo III dedicado ao IVA nas operações internacionais.

4. Sujeitos passivos do imposto

Para efeitos de IVA delimita-se o conceito de sujeito passivo em função do exercício de actividades económicas, não se estabelecendo uma ligação com o princípio da capacidade contributiva, dado que o que se procura tributar é o acto de consumo final.

4.1. *Regras de incidência subjectiva*

As regras de incidência subjectiva constantes do artigo 2.º indicam-nos quem são os sujeitos passivos do IVA.

De acordo com as regras gerais, os sujeitos passivos do IVA são:

a) As pessoas singulares ou colectivas residentes ou com estabelecimento estável ou representação em território nacional que, de um modo independente e com carácter de habitualidade, exerçam, com ou sem fim lucrativo, actividades de produção, comércio ou prestação de serviços, incluindo as actividades extractivas, agrícolas, silvícolas, pecuárias e de pesca (artigo 2.º, n.º 1, alínea a)).

Isto é, regra geral, para que uma pessoa singular ou colectiva seja qualificada como sujeito passivo deste imposto é

necessário que, simultaneamente, se verifiquem os seguintes requisitos:
i) Exerça uma actividade económica, conceito que, de acordo com o Código, se concretiza no exercício de actividades de produção, comércio ou prestação de serviços, incluindo as actividades extractivas, agrícolas, silvícolas, pecuárias e pesca. Ou seja, de acordo com a característica da generalidade do IVA, temos uma noção muito ampla do que é actividade económica;[54]
ii) A actividade económica deve ser exercida de forma independente.

O legislador não explicita o que se entende por este requisito, todavia, deve interpretar-se no sentido de excluir da tributação os assalariados e outras pessoas na medida em que se encontrem vinculados à entidade patronal por um contrato de trabalho ou por qualquer outra relação jurídica que estabeleça vínculos de subordinação no que diz respeito às condições de trabalho e de remuneração e à responsabilidade da entidade patronal.[55]

---

[54] Na União Europeia, nomeadamente, incluem-se no conceito de actividade económica, de acordo com a jurisprudência do TJUE e em nome do princípio da neutralidade do imposto, os actos preparatórios de uma actividade económica, assim como os actos realizados no decurso de tal actividade, bem como determinadas transacções ilícitas. Veja-se, a este propósito, o Acórdão de 14 de Fevereiro de 1985, Caso Rompelman (Proc. 268/83, Rec. 1985, p. 655) e o Acórdão de 29 de Junho de 1999, Caso *Coffeeshop Siberi* (Proc. C-158/98, Colect., 1999, p. I-3971). Sobre o conceito de actividade económica veja-se Clotilde Celorico Palma, *As Entidades Públicas e o Imposto sobre o Valor Acrescentado: uma ruptura no princípio da neutralidade*, op. cit.

[55] Tal como explicita Xavier de Basto, *A tributação do consumo e a sua coordenação internacional*, op. cit, p. 141, a razão da não tributação dos trabalhadores dependentes é óbvia. "*O IVA, posto que de uma forma indirecta e nem sempre exacta, tende a atingir o valor acrescentado das empresas e neste incluem-se os*

Nestes termos, são sujeitos passivos do IVA as pessoas singulares que exerçam a sua actividade ao abrigo de um contrato de avença puro;[56]

ii) A actividade económica deve ser exercida com habitualidade, i.e., deve consistir numa prática reiterada.

iii) O sujeito passivo deve ser residente no território nacional ou, não o sendo, tenha filiais, sucursais, agências, instalações comerciais ou industriais ou qualquer outra forma de representação permanente;

iv) É irrelevante o fim visado, podendo as actividades económicas ter ou não escopo lucrativo.

b) As pessoas singulares ou colectivas que, não exercendo uma actividade, realizem, também de modo independente, qualquer operação tributável desde que a mesma preencha os pressupostos de incidência real do Imposto sobre o Rendimento das Pessoas Singulares ou do Imposto sobre o Rendimento das Pessoas Colectivas (artigo 2.º, n.º 2, alínea b));

c) As pessoas singulares ou colectivas não residentes e sem estabelecimento estável ou representação que, ainda de modo independente, realizem qualquer operação tributável, desde que tal operação esteja conexa com o exercício das suas actividades empresariais onde quer que ela ocorra ou quando, independente dessa conexão, tal operação preencha os pressupostos de incidência real do Imposto so-

---

salários. Se os 'serviços' dos trabalhadores às respectivas empresas fossem tributados, ou seja, se os trabalhadores fossem considerados sujeitos passivos, teríamos dupla tributação e o sistema perderia sentido, no plano económico. Só pois as pessoas que exerçam actividade económica de um modo independente são consideradas sujeitos passivos".

[56] Caso se prove que se trata de um "contrato de avença" em que existe o elemento subordinação jurídica, já não serão sujeitos passivos de IVA.

bre o Rendimento das Pessoas Singulares ou do Imposto sobre o Rendimento das Pessoas Colectivas (artigo 2.º, n.º 1, alínea c));

d) As pessoas singulares ou colectivas que realizem importações de bens de acordo com a legislação aduaneira (artigo 2.º, n.º 1, alínea d));

De acordo com as regras do Código do IVA adquire-se a qualidade de sujeito passivo do imposto pela prática de uma única importação, ou seja, não é necessário aqui o requisito da habitualidade, o sujeito passivo não tem que se dedicar à actividade económica de importação;

e) As pessoas singulares ou colectivas que mencionem indevidamente IVA, em factura ou documento equivalente (artigo 2.º, n.º 1, alínea e)).

Compreende-se a preocupação em tornar sujeito passivo do imposto quem mencione IVA indevidamente em factura ou documento equivalente. Com efeito, o que se passa nestas circunstâncias é que se está a dar início à cadeia da liquidação e dedução do imposto, com os efeitos daí subjacentes;

Temos ainda situações em que o adquirente dos serviços ou dos bens se torna sujeito passivo do imposto pela respectiva aquisição. São as denominadas situações de *reverse charge,* reversão da dívida tributária ou inversão da sujeição ou do sujeito passivo, ou seja, nestes casos a dívida reverte do prestador de serviços para o adquirente[57]. Sendo o adquirente o sujeito passivo do imposto, deverá proceder, em conformidade, à liquidação do imposto, sendo-lhe atribuído o direito à dedução do IVA

---

[57] Sobre as situações de *reverse charge* e o respectivo conceito veja-se, da autora, "IVA – Sobre as propostas de aplicação de um mecanismo generalizado de reverse charge", *Revista de Finanças Públicas e Direito Fiscal*, n.º 4, Almedina, Coimbra, Ano I, Inverno 2008.

pago pela aquisição dos serviços, nos termos do disposto no artigo 18.º, n.º 1, alíneas c) e d).

Assim, são também sujeitos passivos do imposto as pessoas singulares ou colectivas referidas nas alíneas a) e b) do n.º 1.º do artigo 2.º pela aquisição dos serviços constantes do n.º 7 do artigo 6.º, nas condições nele referidas.

Do que acabámos de referir conclui-se, consequentemente, que o conceito de sujeito passivo em sede de IVA é bastante amplo. Com efeito, de acordo com estas regras, as entidades sem fins lucrativos são sujeitos passivos para efeitos deste imposto, assim como o Estado e as demais pessoas colectivas de direito público.

4.2. *Delimitação negativa da incidência*

4.2.1. *Regra geral*

Após abranger no conceito de sujeitos passivos, recortado, como vimos, de forma ampla, o Estado e as demais pessoas colectivas de direito público, o legislador, no artigo 2.º, n.º 3, vem determinar que, em certas circunstâncias, estas entidades não são sujeitos passivos de IVA.[58]

Assim, o Estado e as demais pessoas colectivas de direito público não são, no entanto, sujeitos passivos do imposto quando realizem os seguintes tipos de operações: efectuadas no âmbito dos seus poderes de autoridade (*jus imperii*), mesmo que exista uma contrapartida directa ou realizadas a favor das populações sem que exista uma contrapartida directa.

---

[58] Sobre esta questão veja-se Clotilde Celorico Palma, *As Entidades Públicas e o Imposto sobre o Valor Acrescentado: uma ruptura no princípio da neutralidade*, op. cit.

Esta norma de delimitação negativa de incidência aplica-se, consequentemente:
a) Ao Estado e demais pessoas colectivas de direito público, que
b) Realizem operações que caiam no âmbito das normas de incidência, desde que
c) Actuem no âmbito dos seus poderes de autoridade (*jus imperii*).

Aplica-se igualmente:
a) Ao Estado e demais pessoas colectivas de direito público, que
b) Realizem operações a favor das populações,
c) Sem que exista uma contrapartida directa.

Ou seja, em ambas as situações estes requisitos são de aplicação cumulativa.

Um dos problemas fundamentais suscitados por esta norma, consiste na questão jurídica (por vezes de complexa resolução) de sabermos quando é que uma pessoa colectiva de direito público está a actuar no âmbito dos seus poderes de autoridade. Como é sabido, as pessoas colectivas de direito público podem actuar ao abrigo de um estatuto de direito público, na chamada gestão pública de interesses, actuando, neste caso, em posição de supremacia em relação aos particulares, ou ao abrigo do direito privado, no âmbito da gestão privada de interesses, actuando, neste caso, em posição de igualdade com os particulares. Regra geral, considera-se que um organismo público não está a agir no uso dos seus poderes de autoridade quando efectua prestações de serviços de índole privada, numa área em que outras entidades não públicas desenvolvem a sua actividade habitual. Essas prestações de serviços serão, em princípio, tributadas nos termos gerais (artigo 1.º, n.º 1, alínea a) e artigo 4.º, n.º 1, do CIVA).

O conceito de poderes de autoridade abrange, assim, actividades que estão directamente ligadas com o exercício de poderes soberanos, como, por ex., a administração geral, a justiça, a segurança, a defesa nacional, etc.[59]

Em regra, os poderes de autoridade são aqueles que cabem às entidades públicas com a natureza de exclusividade. Poderá entender-se por serviço praticado no exercício dos poderes de autoridade ou na qualidade de autoridade pública aquele serviço que releva da missão específica da autoridade pública, no quadro de um regime de direito público e com exclusão das actividades exercidas nas mesmas condições dos operadores económicos privados, a actividade de um organismo público no exercício de funções efectuadas na qualidade de autoridade pública. Esta autoridade pública dá-se ou verifica-se quando o organismo público actua no âmbito de um regime de direito público e utiliza prerrogativas de autoridade pública.

De acordo com esta disposição, por ex., se um instituto público exercer em exclusividade um determinado serviço remunerado, embora se trate de uma operação tributável, deixa de ser sujeito passivo pela prática desta operação, i.e., em termos práticos não deverá liquidar IVA. Na mesma situação, um instituto de direito privado deverá liquidar IVA.

Igualmente se suscitam dúvidas quanto a saber o que serão, em certas circunstâncias operações realizadas a favor das populações sem que exista uma contrapartida directa.

---

[59] Por exemplo, a Administração Fiscal portuguesa considerou, no âmbito de projectos de cooperação, que os estudos de consultoria a efectuar no contexto do desenvolvimento de tais projectos constituem operações que extravasam os poderes de autoridade, sendo, enquanto tal, sujeitos a imposto.

4.2.2. Excepção

Do regime de delimitação negativa da incidência excluem-se as seguintes operações, excepto se exercidas de forma não significativa (artigo 2.º n.º 4):
- Telecomunicações
- Distribuição de água, gás e electricidade
- Transporte de bens
- Transporte de pessoas
- Transmissão de bens novos cuja produção se destina a vendas
- Operações de organismos agrícolas, silvícolas, pecuários e de pesca
- Cantinas
- Radiodifusão e radiotelevisão
- Prestação de serviços portuários e aeroportuários
- Exploração de feiras e de exposições de natureza comercial
- Armazenagem

Isto é, nos termos deste normativo consagra-se como que uma presunção elidível. Presume-se que todas as actividades mencionadas são exercidas de forma significativa, i.e., provocam distorções de concorrência, sendo, todavia, possível demonstrar o contrário.

4.3. *A representação fiscal*

Se uma determinada pessoa, singular ou colectiva, praticar uma operação tributável localizada no território nacional, sendo enquadrável nas normas acima analisadas, torna-se, por esse facto, sujeito passivo do IVA, independentemente da respectiva nacionalidade.[60]

Nestes termos, caso não disponha de estabelecimento estável em Moçambique, deverá proceder à nomeação de representante fiscal, conforme o previsto no artigo 26.º, de forma poder cumprir as obrigações fiscais daí resultantes.

Note-se que, em tais circunstâncias, o representante responde solidariamente com o representado pelo cumprimento de tais obrigações, devendo a nomeação do representado ser comunicada à outra parte.

Quando os transmitentes dos bens ou prestadores de serviços são entidades não residentes no território nacional, que aqui não disponham de estabelecimento estável e não tenham procedido à nomeação de representante, as respectivas obrigações devem ser cumpridas pelo adquirente das prestações de serviços e transmissões de bens em causa, desde que o façam no exercício de uma actividade comercial, industrial ou profissional.

5. Localização das operações

Localizar uma operação para efeitos fiscais, significa determinar o território onde vai ser tributável, ou seja, o ordenamento jurídico fiscal que lhe será aplicável. Através da localização de uma operação, o legislador, ao estabelecer determinados critérios de conexão, permite identificar o país ao qual incumbe exigir o imposto devido por operações efectuadas entre pessoas ou entidades estabelecidas ou residentes em países diferentes

---

[60] Note-se que não se exige que a pessoa se situe fisicamente no território moçambicano mas sim que a sua operação se localize cá. É este o sentido e alcance a dar à expressão "operações efectuadas no território nacional", utilizada no n.º 1 do artigo 26.º do CIVA.

(estamos, assim, perante regras "de distribuição de competências do poder de tributar"). Mas, tal como vimos, antes da aplicação das regras de localização propriamente ditas, importa proceder à devida qualificação da operação, da qual dependerá a respectiva localização e que, muitas vezes, se revela especialmente problemática.

O artigo 6.º do Código, decerto uma das disposições mais complexas deste diploma, dedica-se às regras de localização das transmissões de bens e das prestações de serviços. Esta disposição legal ocupa-se das regras de localização das operações internas, ou seja, das operações que se entendem como efectuadas no território nacional, localizando-se, *a contrario*, as demais operações, fora deste território, não se encontrando sujeitas a IVA em Moçambique.

Nestes termos, nos seus dois primeiros números este normativo trata da localização das operações qualificadas, face ao disposto no artigo 3.º, como transmissões de bens, regulamentando, nos seus n.ºs 3 a 8, a localização das operações qualificadas como prestações de serviços, de acordo com o conceito residual ou negativo constante do artigo 4.º do Código.

De salientar que este artigo contempla todas as regras de localização das prestações de serviços, quer se tratem de prestações de serviços meramente internas, isto é, de prestações de serviços cujos prestador e adquirente se situam no território nacional, quer das prestações de serviços "internacionais".

5.1. *As regras de localização das transmissões de bens*

As regras de localização das transmissões de bens são relativamente claras, não oferecendo a dificuldade das normas que tratam da localização das prestações de serviços.

5.1.1. *Regra geral*

Em conformidade com a regra geral prevista no n.º 1, do artigo 6.º, para apurar se uma transmissão de bens se localiza no território nacional importará verificar se houve ou não expedição ou transporte do bem para o adquirente. Caso o bem tenha sido expedido ou transportado para o adquirente, e se encontrar no território nacional no momento em que a expedição ou transporte se iniciam, a operação será localizada e tributável cá, i.e., em termos práticos, serão aplicadas as regras de IVA nacionais. Se o bem não tiver sido expedido ou transportado com destino ao adquirente, a operação será localizada e tributável cá caso este se encontre no território nacional no momento em que é posto à disposição do adquirente.

Assim, se um comerciante moçambicano vender um bem a um comerciante da África do Sul e o bem não sair do território nacional, está a fazer uma transmissão de bens interna localizada e tributável em Moçambique.

5.1.2. *Regra especial*

O n.º 2 do artigo 6.º contém uma regra especial de localização de transmissões de bens.

De acordo com o estatuído no n.º 2, são localizadas e tributáveis no território nacional as transmissões feitas pelo importador e as eventuais transmissões subsequentes de bens transportados ou expedidos de um país terceiro, quando sejam efectuadas antes da importação. É, por ex., o caso de A, estabelecido num país terceiro, vender bens a B, que, antes de os importar em Moçambique, os vende a C e a D, localizados no território nacional. De acordo com esta regra, as transmissões em cadeia efectuadas pelo importador e pelos sucessivos adquirentes são localizadas no território nacional, permitindo-se desta forma aos alienantes deduzir o IVA suportado aquando da respectiva aquisição.

5.2. *As regras de localização das prestações de serviços*

Como é sabido, as regras de localização das prestações de serviços previstas no artigo 6.º, são, em sede deste tributo, uma das matérias de mais difícil resolução.

De acordo com a estrutura deste artigo, prevê-se uma regra geral de localização das prestações de serviços no respectivo n.º 3, seguindo-se, sucessivamente, até ao seu n.º 8, duas excepções à regra geral (regras especiais ou regras gerais específicas para determinados casos).[61]

---

[61] Na UE, a partir de Janeiro de 2010, a localização das prestações de serviços sofreu uma alteração com o chamado Pacote IVA, aprovado a 12 de Fevereiro de 2008, sendo constituído por três elementos, a saber: a Directiva 2008/8/CE, do Conselho, de 12 de Fevereiro, a Directiva 2008/9/CE, do Conselho, de 12 de Fevereiro, e o Regulamento (CE) n.º 143/2008, de 12 de Fevereiro, publicados no JO L 44 de 20 de Fevereiro de 2008.

Desde logo, a uma única regra geral de localização das prestações de serviços igual à que vigora no CIVA moçambicano que não fazia distinção quanto ao estatuto do adquirente, sucederam duas regras gerais, consoante a prestação de serviços seja B2B ou B2C (isto é, entre sujeitos passivos ou, realizada entre um sujeito passivo de IVA e um particular consumidor final).

Por outro lado, de uma estrutura que passava por uma regra geral, excepções à regra geral e excepção às excepções à regra geral, passamos para uma estrutura mais leve em que temos duas regras gerais e excepções, umas comuns, porque aplicáveis às regras gerais das operações B2B e B2C e outras específicas, porque apenas afastam a regra geral das operações B2C. Têm, contudo, o mesmo objectivo: aproximar a localização, isto é, a tributação e afectação da receita, ao Estado membro onde ocorre o acto de consumo. Com efeito, relativamente às prestações de serviços a Sexta Directiva de 1977 adoptou uma regra geral que seguia o critério da origem. Este não era o critério inicialmente adoptado na Segunda Directiva de 1967, na qual se

E, anote-se, tais regras e excepções não são, por vezes, enunciadas de forma directa, antes resultando de uma conjugação de raciocínios de duas regras reflexas que nos indicavam não serem tributáveis no território nacional certas prestações de serviços efectuadas em determinadas condições e serem-no na situação "inversa".

Em suma, em termos de estrutura, em matéria de regras de localização das prestações de serviços, o artigo 6.º prevê uma regra geral de tributação na origem e excepções à regra geral, tornando-se, em diversas situações, um problema, quer em termos académicos quer na vida prática, sobretudo quando nos surgem, *a priori*, dúvidas quanto à própria qualificação da operação (situação esta que não é de difícil ocorrência, nomeadamente se estivermos perante um serviço de publicidade, de consultoria ou de fornecimento de informação)...

---

elegeu o critério do local da utilização dos serviços. Este critério veio a ser abandonado precisamente atendendo às grandes dificuldades de definir o conceito de utilização relativamente a grande número de serviços, pelo que se prestava a interpretações distintas e, consequentemente, a aplicações divergentes por parte dos Estados membros, pondo em causa o princípio básico da neutralidade deste tributo. A partir de 1 de Janeiro de 2010, o critério da origem veio a ser abandonado para as prestações de serviços B2B e, por via das excepções consagradas, para muitas prestações de serviços B2C, porque a Comissão e os Estados membros passaram a entender ser mais adequado aproximar a tributação do local onde ocorre o acto de consumo.

Sobre estas novas regras de localização das prestações de serviços veja-se Clotilde Celorico Palma, *Introdução ao Imposto sobre o Valor Acrescentado*, op. cit., pp. 107-141, "O Pacote IVA – novas regras de localização das prestações de serviços", Revista da Câmara dos Técnicos Oficiais de Contas n.º 97, Abril 2008, pp. 49-53, e Rui Laires, *A Incidência e os Critérios de Territorialidade do IVA*, Almedina, Coimbra, Outubro de 2008 e *IVA – A Localização das Prestações de Serviços após 1 de Janeiro de 2010*, Cadernos de Ciência e Técnica Fiscal n.º 208, Janeiro 2010.

Dada a existência de excepções para situações particulares (prestações de serviços nominadas), a regra geral de localização das prestações de serviços acaba por ter uma aplicação restrita (prestações de serviços inominadas, isto é, aplica-se em todas aquelas situações que não se encontram excepcionadas).

5.2.1. *A qualificação da operação*

Tal como salientamos supra, deveremos, antes de mais, qualificar a operação em causa.

Esta tarefa é particularmente relevante para efeitos da aplicação das regras de localização das prestações de serviços, dela derivando consequências distintas. Basta para tal pensarmos no caso das prestações de serviços efectuadas através do comércio electrónico. Tal como já referimos, para efeitos do imposto sobre o valor acrescentado, uma transmissão de bens *on line*[62] deve-se qualificar como uma prestação de serviços.

Com efeito, quando estamos perante uma transmissão de bens *on line* o bem é-nos enviado através da Net (é o caso de um E-book), perdendo a sua característica de bem corpóreo, pelo que deixam de se verificar os pressupostos da qualificação da operação para efeitos de IVA enquanto transmissão de bens, passando a operação a qualificar-se como prestação de serviços, tendo em consideração a natureza residual deste conceito.

---

[62] As transmissões de bens efectuadas através do comércio electrónico podem ser realizadas *on line* ou *off line*. Na transmissão de bens *on line* a encomenda e a entrega são efectuadas através da Net, ou seja, a Net funciona como meio de transporte, pelo que estamos perante um bem digital. No caso da transmissão de bens *off line*, a encomenda do bem é efectuada através da Net mas a entrega é efectuada através dos canais tradicionais, pelo que o bem não perde as suas características originais, concretamente a sua natureza corpórea.

Esta foi a conclusão a que desde logo se chegou na União Europeia, quando se divulgaram as directrizes sobre a aplicação do imposto sobre o valor acrescentado às operações efectuadas através do comércio electrónico.[63]

Tal facto tem, naturalmente, implicações significativas. Basta pensarmos que a transmissão via tradicional de livros (incluindo a transmissão *off line*), de outros países para Moçambique se qualifica como uma importação e a receita aflui a Moçambique, ao passo que a transmissão dos mesmos livros *on line*, qualificando-se como prestação de serviços, não é localizada, isto é, tributável em Moçambique perdendo-se a receita (por aplicação *a contrario* do disposto no artigo 6.º, n.º 3, do CIVA, não existindo nenhuma regra especial de localização destas operações). Foi este facto que levou a UE a alterar as regras de localização das operações efectuadas via electrónica, de forma a preservar as suas receitas fiscais, tendo em conta que o principal fluxo deste tipo de operações ocorre com os Estados Unidos da América.[64]

---

[63] Em matéria de IVA, os princípios que a União Europeia tem vindo a defender neste contexto estão suficientemente explícitos na *Comunicação da Comissão ao Conselho de Ministros ao Parlamento Europeu e ao Comité Económico e Social, de 17 de Julho de 1998, sobre Comércio Electrónico e Fiscalidade Indirecta*, que teve como objectivo a preparação da contribuição da União Europeia, em matéria de fiscalidade indirecta, para a conferência de Ottawa (COM (98) 374 final). De salientar, para o efeito, as directrizes n.ºs 1 e 2 emanadas desta comunicação.

[64] Neste contexto, foi aprovada a Directiva n.º 2002/38/CE, de 7 de Maio, que altera a Sexta Directiva no que se refere ao regime do IVA aplicável aos serviços de radiodifusão e televisão e a determinados serviços prestados via electrónica, que foi transposta em Portugal através do DL n.º 130/2003, de 28 de Junho. Sobre a matéria veja-se, da autora, "A proposta de Directiva IVA aplicável a serviços prestados via electrónica" *Revista TOC* n.º 8, Novembro de 2000, e "O IVA e os serviços prestados via electrónica – principais alterações introduzidas pelo DL n.º 130/2003", *Revista TOC* n.º 43, Outubro 2003.

Note-se, finalmente, que o Código do IVA não define as prestações de serviços enunciadas no artigo 6.º, cabendo pois ao intérprete a execução de tal tarefa.

5.2.2. *Regra geral de localização*

A regra geral de localização das prestações de serviços constante do n.º 3 do artigo 6.º, determina que são localizadas no território nacional, i.e., cá tributáveis, caso os serviços sejam prestados através da sede, estabelecimento estável ou, na sua falta, do domicílio do prestador cá localizados. Isto é, a regra geral de tributação das prestações de serviços segue o princípio de tributação no país de origem independentemente de o adquirente ser um outro sujeito passivo do imposto (operações *business to business* ou B2B) ou um particular (operações *business to consumer* ou B2C).

Note-se que o CIVA não acolhe uma definição de sede, estabelecimento estável ou domicílio, recorrendo-se aos conceitos existentes noutras sedes, nomeadamente no Código do IRPC.

5.2.3. *Excepções à regra geral ou regras especiais de localização das prestações de serviços*

Conforme aludimos, a regra geral de localização das prestações de serviços é de aplicação supletiva, aplicando-se a todas aquelas prestações de serviços que não tenham uma regra especial de localização.

Ora, importa sempre apurar que tipo de prestação de serviços se trata ("qualificação da operação"), uma vez que pode merecer distinto tratamento consoante a respectiva qualificação. Nestes termos, as prestações de serviços enunciadas nos n.ºs 4, 5, 6, 7 e 8 do artigo 6.º têm regras especiais de localização. De acordo com tais regras, as prestações de serviços previstas nos n.ºs 4

e 5 do artigo 6.º, são tributáveis no local onde são materialmente executadas. Assim, são, em princípio, tributáveis onde são materialmente executadas as seguintes prestações de serviços:
- Relacionadas com um imóvel, incluindo as que tenham por objecto preparar ou coordenar a execução de trabalhos imobiliários e as prestações de peritos e agentes imobiliários (adopta-se o critério da *lex rei sitae*);
- Trabalhos efectuados sobre bens móveis corpóreos e as peritagens a eles referentes, quando aí executados total ou essencialmente;
- Prestações de serviços de carácter artístico, desportivo, recreativo, de ensino e similares, compreendendo as dos organizadores destas actividades, e as prestações de serviços que lhes sejam acessórias.
- Prestações de serviços de transporte;

De acordo com o previsto no n.º 6, para efeitos da alínea d) dos n.ºs 4 e 5, é considerada distância percorrida no território nacional o percurso efectuado fora do mesmo, nos casos em que os locais de partida e de chegada nele se situem. Para este efeito, um transporte de ida e volta é tido como dois transportes, um para o trajecto da ida e outro para o trajecto de volta.

Relativamente às prestações de serviços previstas no n.º 7 do artigo 6.º (prestações de serviços que poderemos denominar como prestações de serviços de natureza empresarial), a regra especial de localização determina que são tributáveis no território nacional quando o prestador não tem sede, estabelecimento estável ou domicílio no território nacional e o adquirente é um sujeito passivo do imposto dos referidos nas alíneas a) e b) do n.º 1 do artigo 2.º, cuja sede, estabelecimento estável ou domicílio se situe em território nacional. Ou seja, para estas prestações de serviços a regra especial de localização prende-se com a localização não do prestador mas sim do adquirente. Encontravam-se nesta situação as seguintes prestações de serviços:

- Cessão ou autorização para utilização de direitos de autor, licenças, marcas de fabrico e de comércio e outros direitos análogos;
- Publicidade;
- Serviços de telecomunicações;
- Serviços de consultores, engenheiros, advogados, economistas e contabilistas e gabinetes de estudo em todos os domínios, compreendendo os de organização, investigação e desenvolvimento;
- Tratamento de dados e fornecimento de informações;
- Operações bancárias e financeiras e de seguro ou resseguro;
- Colocação de pessoal à disposição.
- Locação de bens móveis corpóreos, com excepção dos meios de transporte;
- Serviços de intermediários que intervenham em nome e por conta de outrem no fornecimento dos serviços supra enunciados;
- Obrigação de não exceder, mesmo a título parcial, uma actividade profissional ou um direito mencionado nas alíneas deste número;
- Locação de bens móveis corpóreos, bem como a locação financeira dos mesmos bens.

De notar que a regra especial enunciada para estas situações é de afastar, ainda que o prestador tenha no território nacional sede, estabelecimento estável ou domicílio, sempre que o adquirente seja pessoa estabelecida ou domiciliada no estrangeiro (n.° 8 do artigo 6.°).

6. Facto gerador e exigibilidade do imposto

As regras sobre o facto gerador e a exigibilidade do imposto respondem-nos à questão de saber quando é que o imposto é devido e se torna exigível por parte do Estado. São dois aspectos relacionados com o nascimento da obrigação tributária.

O legislador não define o que se entende por facto gerador e exigibilidade do imposto. Poderá entender-se por facto gerador do imposto o facto mediante o qual são preenchidas as condições legais necessárias à exigibilidade do imposto e por exigibilidade do imposto o direito que a Administração Tributária pode fazer valer, nos termos da lei, a partir de um determinado momento, face ao devedor, relativamente ao pagamento do imposto, ainda que o pagamento possa ser diferido.

6.1. Facto gerador e exigibilidade nas operações internas

6.1.1. *Regra geral*

Regra geral, nos termos do disposto no artigo 7.º, n.º 1, alíneas a) e b), o imposto é devido e torna-se exigível:
a) Nas transmissões de bens, no momento em que os bens são postos à disposição do adquirente;
b) Nas prestações de serviços, no momento da sua realização ou no momento em que, antecedendo esta, seja total ou parcialmente cobrado ou debitado o preço, caso em que se consideram realizadas pelo montante respectivo. Isto é, consagra-se, desta forma, a regra de que nos adiantamentos deverá proceder-se à liquidação do imposto.

Note-se, todavia, que apesar de em conformidade com esta regra geral a exigibilidade e o facto gerador coincidirem, o certo é que o artigo 8.º vem derrogar esta regra da exigibilidade sempre que a transmissão de bens ou a prestação de serviços derem lugar à obrigação de emitir uma factura ou documento equivalente nos termos do artigo 25.º[65]

Nestas circunstâncias que, na prática, acabam por ser a regra, o imposto torna-se exigível:

a) Se o prazo previsto para a emissão de factura ou documento equivalente for respeitado, no momento da sua emissão (artigo 8.º, alínea a));

b) Se o prazo previsto para a emissão não for respeitado, no momento em que termina (artigo 8.º, alínea b));

c) Se a transmissão de bens ou a prestação de serviços derem lugar ao pagamento, ainda que parcial, anteriormente à emissão de factura ou documento equivalente, no momento desse pagamento, pelo montante recebido (artigo 8.º, alínea c)).

Mencione-se a este propósito que os adiantamentos devem ter para efeitos de IVA o mesmo tratamento que a operação definitiva. Serão isentos se a operação a que se referem for isenta. Serão tributados se a operação a que se referem for tributada.

Considerando que, em conformidade com o disposto no artigo 21.º, n.º 1, do RECIVA, a factura ou documento equivalente devem ser emitidos o mais tardar no quinto dia útil seguinte ao do momento em que o imposto é devido nos teremos do artigo 7.º, poderemos apresentar os seguintes esquemas quanto a estas situações:

---

[65] Obrigatoriedade essa que, conforme iremos verificar, é a situação regra.

Regime Geral do IVA nas Operações Internas 91

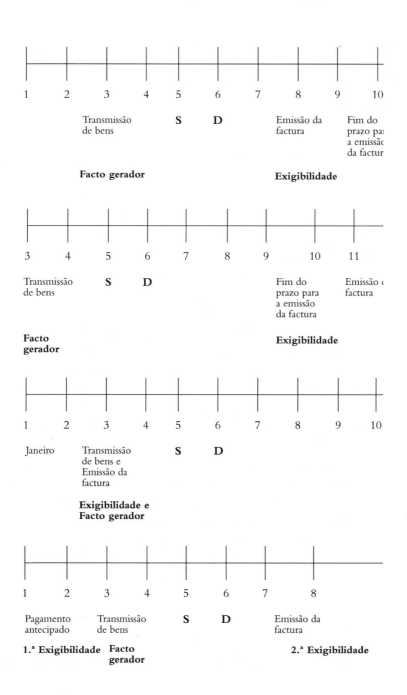

6.1.2. Regras especiais

O artigo 7.º contempla várias regras especiais relativamente ao facto gerador e à exigibilidade do imposto, tendo em consideração situações específicas. Estas regras vêm, igualmente, dar resposta a um dos problemas que nos poderão surgir para efeitos de determinação do facto gerador e da exigibilidade do imposto, que é o de saber quando é que os bens são colocados à disposição do adquirente, ou quando é que se considera realizada a prestação de serviços.

De acordo com estas regras, o imposto é devido e torna-se exigível:

a) Se a transmissão de bens implicar transporte efectuado pelo fornecedor ou por um terceiro: no momento em que se inicia o transporte (artigo 7.º, n.º 2);

b) Na instalação ou montagem de bens: quando a instalação ou montagem estiver concluída (artigo 7.º, n.º 2). Ou seja, nas transmissões de bens que implicam obrigação de instalação ou montagem por parte do fornecedor, considera-se que os bens são postos à disposição do adquirente no momento em que essa instalação ou montagem estiver concluída;

b) Nas transmissões de bens e prestações de serviços de carácter continuado com pagamentos fraccionados, v.g., abastecimento de água: em relação a cada pagamento (artigo 7.º, n.º 3). Isto é, nestes casos, resultantes de contratos que dêem lugar a pagamentos sucessivos, considera-se que os bens são postos à disposição e as prestações de serviços são realizadas no termo do período a que se refere cada pagamento, sendo o imposto devido e exigível pelo respectivo montante;

c) Nas afectações de bens assimiladas a transmissões, referidas no artigo 3.º, n.º 3, alíneas f) e g) e nas afectações e prestações de serviços a título gratuito assimiladas a prestações de serviços efectuadas a título oneroso mencionadas no artigo 4.º, n.º 2, alíneas a) e b): no momento em que as afectações de bens ou as prestações de serviços tiverem lugar (artigo 7.º, n.º 4);

d) Nas transmissões de bens entre comitente e comissário: no momento em que o comissário os puser à disposição do seu adquirente (artigo 7.º, n.º 5);

e) Na não devolução das mercadorias enviadas à consignação: no termo de cento e oitenta dias após a entrega dos bens ao destinatário (artigo 7.º, n.º 6);

f) Quando os bens forem postos à disposição de um contratante antes de se terem produzido os efeitos translativos do contrato, o imposto é devido e exigível no momento em que esses efeitos se produzirem, salvo se se tratar das transmissões de bens referidas nas alíneas a) e b) do n.º 3 do artigo 3.º (artigo 7.º, n.º 7).

6.1.3. Regime especial de exigibilidade do Imposto sobre o Valor Acrescentado nas empreitadas e subempreitadas de obras públicas

Do que acabámos de dizer, resulta que em termos de IVA a exigibilidade é determinada sem qualquer relação com a data do recebimento da contraprestação, o que significa que temos que pagar ao Estado a nossa dívida de imposto muito embora o adquirente dos nossos bens ou serviços a quem liquidámos o IVA não nos tenha ainda pago. De acordo com a legislação moçambicana, só numa situação é que tal não sucede: relativamente às empreitadas e subempreitadas de obras públicas, nos termos do regime aprovado pelo Decreto n.º 27/00, de 10 de Outubro, o imposto torna-se exigível no momento do recebimento do preço.[66]

Saliente-se que estamos perante um mecanismo excepcional e que não oferece apenas vantagens, dado que há igualmente um diferimento do exercício do direito à dedução do imposto suportado para o momento do respectivo pagamento pelo adquirente, facto que pode ser penalizador para sujeitos passivos em fase de investimentos. Com efeito, neste regime o direito à dedução nasce quando o imposto dedutível se torna exigível, facto que se verifica aquando do pagamento efectivo do preço das empreitadas ou subempreitadas. Neste contexto, a dedução do imposto só pode ser efectuada quando o sujeito passivo tiver na sua posse os recibos comprovativos de pagamentos (das empreitadas ou subempreitadas) e na declaração do período em que se tiver verificado a recepção desses recibos.

O regime aplica-se às empreitadas e subempreitadas de obras públicas em que o dono da obra é o Estado, sendo que se considera Estado a administração central e seus serviços locais.

O imposto torna-se exigível no momento do recebimento total ou parcial do preço, pelo montante recebido, com IVA incluído na factura ou documento equivalente emitida pelo transmitente dos bens ou dos serviços.

Relativamente às subempreitadas presume-se que o recebimento total do preço ocorre no último dia do mês seguinte àquele em que for efectuado o pagamento total da empreitada, facto que se considera como verificado ainda que existam montantes retidos a título de garantia. Refira-se que o empreiteiro deve comunicar ao subempreiteiro a data do recebimento total

---

[66] "Regimes especiais de exigibilidade de caixa". Sobre este tipo de regimes veja-se António Carlos dos Santos, "O regime de exigibilidade de caixa no IVA: a excepção e a regra", Revista *TOC* n.º 110, Maio 2009.

do preço da empreitada, mas a exigibilidade do imposto não fica dependente dessa comunicação.

O imposto é ainda exigível quando o recebimento, total ou parcial, do preço preceda o momento da realização das operações tributáveis.

Se os sujeitos passivos se enquadram no respectivo âmbito, aplica-se automaticamente este regime, não sendo necessário efectuar qualquer opção ou comunicação à Direcção de Área Fiscal competente (DAF).

Os sujeitos passivos que, por qualquer razão, não querem aplicar o regime especial de exigibilidade do IVA podem optar pela aplicação das regras gerais de exigibilidade.

A opção pelo regime normal será exercida relativamente ao conjunto das empreitadas e subempreitadas mediante a apresentação de um requerimento na DAF do sujeito passivo, o qual, uma vez deferido pelo Director da Área Fiscal, produzirá efeitos a partir do mês seguinte ao da data do deferimento. Caso, não tenha sido proferida qualquer decisão e notificado o contribuinte no prazo de 30 dias a contar da data da entrega do requerimento à DAF, considera-se que este foi tacitamente deferido.

Caso os sujeitos passivos pretendam voltar a aplicar as regras de exigibilidade do imposto previstas neste regime especial, podem fazê-lo mediante a apresentação de um requerimento nesse sentido, conforme procedimento anterior.

6.2. *Facto gerador e exigibilidade nas importações*

A este propósito veja-se o capítulo III dedicado à tributação das operações internacionais.

7. Isenções

Como referimos supra, uma das características que distinguem o IVA moçambicano do IVA da União Europeia, consiste no facto de estarmos perante um sistema onde há um maior leque de situações de benefícios fiscais, adaptado à realidade Moçambicana.[67]

Assim, temos um conjunto de isenções contempladas no CIVA, entre os respectivos artigos 9.º a 14.º, que contemplam um número consideravelmente mais amplo de situações do que a lista das isenções na UE. Para além destas isenções há toda uma série de isenções de IVA contempladas no Código dos Benefícios Fiscais e que se direccionam, essencialmente, a isenções na importação, isenções estas que trataremos sumariamente no capítulo III dedicado à tributação das operações internacionais. A estas juntam-se outros benefícios, desde logo situações de redução do valor tributável das operações, previstas no artigo 15.º do CIVA, bem como casos de restituição do IVA suportado a entidades diplomáticas e consulares bem como a organizações internacionais com estatuto diplomático, previstas nos artigos 24.º a 27.º do Regulamento da Cobrança, do Pagamento e do Reembolso do IVA.

Dedicaremos especial atenção às isenções previstas no artigo 9.º do CIVA, por se tratarem das situações mais frequentes na prática corrente.

Relativamente às isenções, importa, previamente, salientar os seguintes aspectos:

---

[67] Sobre os incentivos fiscais em geral em Moçambique veja-se José Carlos Gomes Santos, *Incentivos Fiscais ao Investimento em Contexto de Subdesenvolvimento e Competição Regional – o caso Moçambicano,* Cadernos de Ciência e Técnica Fiscal, n.º 196, Novembro 2005.

a) As isenções em IVA têm uma lógica diferente das isenções concedidas no âmbito dos impostos sobre o rendimento. Ao passo que nestes impostos a isenção libera o beneficiário do pagamento do imposto, no IVA as situações de isenção clássica traduzem-se na não liquidação de imposto nas operações activas por parte do sujeito passivo beneficiário (o beneficiário paga imposto mas não liquida). Isto é, nas suas operações passivas (aquisições de bens e prestações de serviços) os sujeitos passivos de IVA não beneficiam de isenção. Por exemplo, vamos imaginar que uma determinada entidade que presta serviços de formação profissional se encontra isenta ao abrigo do disposto no artigo 9.º, n.º 3, alínea b). Esta entidade não vai liquidar IVA nas suas operações activas. Por sua vez, os formadores que lhe prestam serviços, os fornecedores, etc., devem liquidar IVA nas prestações de serviços e/ou nas transmissões de bens que efectuam (excepto, está claro, se eles próprios beneficiarem de uma isenção);

b) Os mecanismos de isenção a jusante são excepcionais e encontram-se sobretudo em legislação avulsa ao CIVA e configuram, em regra, restituições ou reembolsos do imposto suportado, como é o caso da restituição do IVA aos diplomatas e a organizações internacionais com estatuto diplomático previstas nos artigos 24.º a 27.º do Regulamento da Cobrança, do Pagamento e do Reembolso do IVA;

c) Para além das isenções previstas no CIVA, existem várias isenções consagradas em legislação avulsa, v.g., no Código dos Benefícios Fiscais,

d) Regra geral, as isenções acolhidas no IVA funcionam de forma automática, não sendo necessário o sujeito passivo solicitar a respectiva aplicação;

e) Como qualquer benefício fiscal em sede deste imposto, as isenções consubstanciam situações excepcionais, de-

vendo ser objecto de interpretação restrita. Com efeito, as isenções perturbam o funcionamento do mecanismo das deduções afectando a característica fundamental da neutralidade deste tributo;
g) As isenções em sede de IVA assumem uma natureza objectiva, ou seja, para efeitos da sua concessão releva essencialmente a natureza da actividade prosseguida e não a natureza jurídica da entidade que prossegue a actividade.

7.1. *Modalidades das isenções em IVA consoante o direito à dedução*

Em sede de IVA temos duas modalidades de isenções tendo em consideração a possibilidade do exercício do direito à dedução:
a) Isenções completas, totais, plenas, ou que conferem o exercício do direito à dedução do IVA suportado.
Nestas isenções, tal como a própria designação o indica, o sujeito passivo beneficiário não liquida imposto nas suas operações activas (transmissões de bens ou prestações de serviços efectuadas), e tem o direito a deduzir o IVA suportado para a respectiva realização. É o caso das isenções das exportações, conforme o disposto nos artigos 13.º do CIVA e 18.º, n.º 1, do CIVA;
b) Isenções incompletas, simples, parciais, ou que não conferem o exercício do direito à dedução do IVA suportado.
Nestas isenções o sujeito passivo beneficiário não liquida imposto nas suas operações activas, mas não tem o direito a deduzir o IVA suportado para a respectiva realização. É o caso da maioria das isenções do artigo 9.º (excepcionando o caso das isenções previstas na alínea f) do n.º 12, no n.º 10 e nas alíneas d) e f) do seu n.º 13, conforme o disposto no artigo 19.º, alínea b), ponto v.)) e da isenção do artigo 35.º.

Percebe-se, agora, porque é que a afirmação de que as isenções em sede de IVA podem ser penalizadoras é verdadeira, embora possa parecer paradoxal à primeira vista. Imaginemos o caso de um estabelecimento hospitalar isento ao abrigo do artigo 9.º, n.º 1, alínea a), que, apesar de não ter que liquidar IVA aos seus clientes, tem grandes despesas de investimento em equipamento que não pode deduzir, vendo-se obrigado, naturalmente, a repercutir esses custos no preço das suas consultas.

Por esse motivo, o legislador consagra excepcionalmente, em algumas situações, o direito à renúncia à isenção, passando o sujeito passivo, nos termos normais, a liquidar e a deduzir o IVA suportado.

7.2. *Isenções nas operações internas*

As isenções nas operações internas previstas no artigo 9.º do Código, aplicam-se, fundamentalmente, a determinadas actividades e operações de interesse público ou a actividades relativamente às quais se demonstra particularmente complexa a aplicação do IVA, como, por exemplo, o caso das operações financeiras e de seguro e resseguro.

Estas isenções caracterizam-se nos seguintes termos:

a) Na sua grande maioria são incompletas, não conferindo o direito à dedução do imposto suportado. Excepcionam-se, apenas, conforme o disposto no artigo 19.º, alínea b), ponto v), as situações pontuais previstas na alínea f) do respectivo n.º 12 – transmissões de bens resultantes de actividade industrial de produção de rações destinadas à alimentação de animais de reprodução e abate, para consumo humano–, no n.º 10 – transmissões de farinha de milho, arroz, pão, sal iodado, leite em pó para lactentes até um ano, trigo, farinha de trigo, tomate fresco ou refrigerado, batata, cebola, carapau congelado, petróleo de iluminação, *jet fuel*, bicicletas comuns, preservativos e insecticidas –, e nas alíneas d) e f) do seu n.º 13 – transmissões de bens a utilizar como matéria prima na indústria de óleos e sabões, resultantes da actividade industrial de produção do óleo alimentar e sabões, realizadas pelas respectivas fábricas e transmissões de bens e prestações de serviços efectuadas no âmbito da actividade agrícola de produção de cana-de-açucar e destinados à indústria;

b) São taxativas;

c) São automáticas, não carecendo de um acto de reconhecimento por parte da Administração Tributária;

d) Em algumas situações excepcionais previstas no artigo 11.º, concede-se a possibilidade de renúncia à isenção, passando o sujeito passivo a aplicar o IVA nos termos normais às suas operações e, consequentemente, a poder deduzir o imposto suportado para a respectiva realização;

e) Algumas fazem apelo ao conceito de organismo sem finalidade lucrativa, conceito específico para este efeito que vem previsto no artigo 10.º[68]. De acordo com este conceito serão considerados como tal os organismos que, simultaneamente:

– Em caso algum distribuam lucros e os seus corpos gerentes não tenham, por si ou interposta pessoa, algum interesse directo ou indirecto nos resultados da exploração;

– Disponham de escrituração que abranja todas as suas actividades e a ponham à disposição dos serviços fiscais,

---

[68] Sobre o tratamento do terceiro sector em IVA veja-se Clotilde Celorico Palma, "IVA e terceiro sector", Revista *TOC* n.º 131, Abril de 2011.

designadamente para comprovação do referido anteriormente;
– Pratiquem preços homologados pelas autoridades públicas ou, para as operações não susceptíveis de homologação, preços inferiores aos exigidos para análogas operações pelas empresas comerciais sujeitas de imposto;
– Não entrem em concorrência directa com sujeitos passivos do imposto.[69]

7.2.1. *Os diversos tipos de isenções*

Desde a entrada em vigor do IVA em Moçambique, estas isenções foram alteradas pontualmente, tendo em vista uma maior racionalização. Em 2007, o artigo 9.º passou a ter uma estrutura diferente, passando a sistematizar-se em números que contemplam as diversas transmissões de bens e prestações de serviços relacionados com o exercício de actividades no âmbito da saúde, das entidades sem fins lucrativos, do ensino, da locação de imó-

---

[69] Requisito, por vezes, de difícil aferição, que deverá ter em consideração as circunstâncias peculiares de cada caso. Note-se que, de acordo com o previsto no artigo 133.º da Directiva IVA, os Estados membros podem subordinar a concessão destas isenções, a organismos que não sejam de direito público, à observância de uma ou mais condições especificadas nessa disposição, a saber:
– Não distribuição de lucros ou excedentes;
– Órgãos de gestão com remuneração simbólica;
– Preços homologados ou inferiores aos de mercado;
– Não distorção da concorrência.
O conceito de organismo sem finalidade lucrativa foi transposto no artigo 10.º do CIVA português, tendo o legislador acolhido em simultâneo os mencionados quatro critérios para efeitos da respectiva qualificação enquanto tal. Esta solução foi acolhida na íntegra em Moçambique, sendo muito difícil que uma entidade passe em simultâneo no crivo destes requisitos de forma a poder ser qualificada como um organismo sem finalidade lucrativa.

veis, das transmissões de bens e prestações de serviços no âmbito das actividades agrícola, silvícola, pecuária e pesca e outras de natureza diversa.

O artigo 9.º prevê isenções, essencialmente, em relação às seguintes actividades:
- Saúde (n.º 1)
- Prestações de serviços efectuadas por organismos sem finalidade lucrativa (n.º 2): Segurança e assistência sociais, actividades artísticas e culturais
- Ensino, Formação Profissional e Explicações (n.º 3)
- Operações bancárias e financeiras (n.º 4)
- Locações de bens imóveis (n.º 5)
- Operações de seguro e de resseguro (n.º 6)
- Operações efectuadas no âmbito de explorações agrícolas, silvícolas, de pecuária e de pesca (n.º 7)
- Jogos (n.º 8)
- Transmissões de bens e prestações de serviços para fins culturais e artísticos – ex: Transmissão de direitos de autor (n.º 9)
- Transmissões de bens essenciais (n.ºs 10 e 12)
- Transmissões e prestações de serviços no contexto da defesa (n.º 11)
- Outras transmissões de bens – ex: selos, serviços públicos, operações sujeitas a Sisa (n.º 12)
- Operações efectuadas no âmbito de explorações agrícolas, silvícolas e de pecuária
- Outras transmissões e prestações de serviços até 31 de Dezembro de 2015 (n.º 13)

Passemos em revista as principais isenções do artigo 9.º, tal como vêm enunciadas na referida disposição legal:

a) Saúde
Estão isentas de IVA:

– As prestações de serviços médicos e sanitários e as operações com elas estreitamente conexas efectuadas por estabelecimentos hospitalares, clínicas, dispensários e similares (n.º 1, alínea a));
– As transmissões de cadeiras de rodas e veículos semelhantes, accionados manualmente ou por motor, para deficientes, aparelhos, artefactos e demais material de prótese ou compensação destinados a substituir, no todo ou em parte, qualquer membro ou órgão do corpo humano ou a tratamento de fracturas e, bem assim, os que se destinam a ser utilizados por invisuais ou a corrigir a audição. (n.º 1, alínea b));
– As transmissões de órgãos, sangue e leite humanos (n.º 1, alínea c));
– O transporte de doentes ou feridos em ambulâncias ou outros veículos apropriados efectuado por organismos devidamente autorizados (n.º1, alínea d));
– As transmissões de redes mosquiteiras (n.º 1, alínea e));
– As transmissões de medicamentos, bem como as especialidades farmacêuticas e outros produtos farmacêuticos destinados exclusivamente a fins terapêuticos e profiláticos e as transmissões de pastas, gazes, algodão hidrófilo, tiras e pensos adesivos e outros suportes análogos, mesmo impregnados ou revestidos de quaisquer substâncias, para usos higiénicos, medicinais ou cirúrgicos (n.º 1, alínea f));
Relativamente a estas isenções deverá, em especial, ter-se em consideração que não é possível renunciar à isenção.

b) Segurança e assistência social

De acordo com o disposto no n.º2, estão isentas de imposto:
– As transmissões de bens e as prestações de serviços de assistência social e as transmissões de bens com elas conexas, efectuadas por entidades públicas ou organismos sem finalidade

lucrativa cujos fins e objeto sejam reconhecidas pelas autoridades competentes (alínea a) do n.º 2);

– As prestações de serviços e as transmissões de bens estreitamente conexas, efectuadas no exercício da sua actividade habitual por creches, jardins de infância, centros de actividade de tempos livres, estabelecimentos para crianças e jovens desprovidos de meio familiar normal, lares residenciais, casas de trabalho, estabelecimentos para crianças e jovens deficientes, centros de reabilitação de inválidos, lares de idosos, centros de dia e centros de convívio para idosos, colónias de férias, albergues de juventude ou outros equipamentos sociais pertencentes a entidades públicas ou a organismos sem finalidade lucrativa cujos fins e objeto sejam reconhecidos pelas autoridades competentes (alínea c) do n.º 2).

Esta isenções não são susceptíveis de renúncia.

c) Prestações de serviços artísticas, desportivas, recreativas, de educação física, culturais, espirituais, efectuadas por pessoas colectivas de direito público, instituições particulares de solidariedade social e organismos sem finalidade lucrativa

Estão isentas de IVA, nos termos do estatuído no n.º 2 do artigo 9.º:

– As prestações de serviços efectuadas elas próprias entidades públicas ou organismos sem finalidade lucrativa, que explorem estabelecimentos ou instalações destinados à prática de actividades artísticas, desportivas, recreativas e de educação física a pessoas que pratiquem essas actividades (alínea d) do n.º 2).

– As prestações de serviços que consistam em proporcionar a visita, guiada ou não, a museus, galerias de arte, monumentos, parques, perímetros florestais, jardins botânicos, zoológicos e semelhantes, pertencentes ao Estado, outras entidades públicas ou entidades sem finalidade lucrativa, desde que efectuadas pelas próprias entidades ou organismos sem finalidade lucrativa, devidamente autorizadas, por intermédio dos seus próprios agentes (alínea e) do n.º 2). Esta isenção abrange igualmente as transmissões de bens estreitamente conexas com as prestações de serviços referidas.

– A cedência de pessoal por instituições religiosas ou filosóficas para a realização de actividades isentas nos termos do CIVA ou para fins de assistência espiritual (alínea f) do n.º 2).

– As prestações de serviços e as transmissões de bens com elas conexas efectuadas no interesse colectivo dos seus associados por organismos sem finalidade lucrativa, desde que esses organismos prossigam objectivos de natureza política, sindical, religiosa, humanitária, filantrópica, recreativa, desportiva, cultural, cívica ou de representação de interesses económicos e a única contraprestação seja uma quota fixada nos termos dos estatutos (alínea g) do n.º 2). Considera-se abrangida nesta isenção, por ex., o serviço de cobranças de rendas efectuado por uma associação de proprietários a favor dos associados, desde que a única contraprestação seja uma quota fixada estatutariamente.

– As transmissões de bens e as prestações de serviços efectuadas por entidades cujas actividades habituais se encontram isentas nos termos das alíneas a), b), c), d) e g) do n.º 2 e a) e b) do n.º 3 do artigo 9.º, aquando de manifestações ocasionais destinadas à angariação de fundos em seu proveito exclusivo, desde que o seu número não seja superior a oito por ano (alínea h) do n.º 2). É o caso, por ex., de uma faculdade isenta ao abrigo do n.º 9 resolver fazer uma venda de Natal cujo produto reverte para a construção do novo edifício.

A isenção deverá incidir não só sobre o direito de acesso às manifestações e aos espectáculos realizados, mas também sobre o conjunto das receitas recebidas pelas entidades beneficiárias relativamente às diversas operações efectuadas nessa ocasião, como, por exemplo, bufete, bar, aluguer de stands, venda de programas, lembranças, receitas publicitárias, etc.

Todas estas isenções não são passíveis de renúncia.

d) Ensino e formação profissional

De acordo com o previsto no n.º 3, estão isentas de IVA:

– As prestações de serviços que tenham por objecto o ensino e as transmissões de bens e prestações de serviços conexas, como, por exemplo, o fornecimento de alojamento e alimentação, efectuadas por estabelecimentos integrados no Sistema Nacional de Ensino eu reconhecidos pelo Ministério que superintende a área da Educação (alínea a) do n.º 3);[70]

– As prestações de serviços que tenham por objecto a formação profissional, bem como as transmissões de bens e prestações de serviços conexas, como, por exemplo, o fornecimento de alojamento, alimentação e material didáctico, desde que sejam efectuadas por entidades públicas (alínea b) do n.º 3). Isto é, esta isenção só é aplicável a pessoas colectivas, não abrangendo os formadores pessoas singulares.

– As prestações de serviços que consistam em lições ministradas a título pessoal sobre matérias do ensino escolar ou superior, isto é, as prestações de serviços efectuadas pelos explicadores, existindo uma relação directa professor/aluno, sem a interferência de qualquer outra entidade (alínea c) do n.º 3).

De notar que relativamente a estas situações não se prevê, igualmente, a possibilidade de renúncia à isenção.

f) Operações bancárias e financeiras

O n.º 4 do artigo 9.º determina que estão isentas de IVA as operações bancárias e financeiras.

Na UE o legislador optou por enunciar taxativamente o tipo de operações incluídas na isenção, facto que tem vindo a com-

---

[70] Ou seja, esta isenção apenas se aplica a pessoas colectivas, não se aplicando às prestações de serviços dos professores que actuam de forma independente, que apenas não deverão liquidar IVA caso beneficiem do regime especial de isenção do artigo 35.º.

plicar consideravelmente a aplicação da isenção. Contudo, igualmente o facto de se enunciar que estão isentas de IVA todas as operações bancárias e financeiras suscita a questão de delimitarmos que operações se devem entender como tal.[71]

---

[71] As normas que actualmente na União Europeia se aplicam às actividades financeira e seguradora são exactamente as mesmas que se aplicavam há cerca de 30 anos, aquando da entrada em vigor da Sexta Directiva. Desde então a realidade mudou significativamente e, se desde sempre existiram problemas, o certo é que vieram, progressivamente, a agudizar-se. Em Abril de 2006, a Comissão apresentou um novo estudo sobre esta situação, propondo soluções alternativas quanto à tributação em IVA destes sectores. Os principais inconvenientes da aplicação das isenções das actividades financeira e seguradora geralmente apontados pelos operadores económicos podem resumir-se a quatro: a definição dos serviços isentos; o IVA oculto nas prestações de serviços efectuadas entre sujeitos passivos do imposto; o cálculo do IVA dedutível, e as distintas formas de resolução dos problemas pelos mercados e pelos Estados membros. Registe-se ainda que a Comissão Europeia tornou público um trabalho elaborado a 2 de Novembro de 2006 pela Price Water House e Coopers sobre os efeitos económicos da isenção concedida em IVA às actividades financeira e seguradora, disponível no seu site. A Comissão apresentou a 5 de Novembro de 2007 uma proposta de Directiva para modernizar e simplificar as regras do IVA relativas aos serviços financeiros e de seguros. Para o efeito, apresenta-se igualmente uma proposta de Regulamento com uma lista com "definições claras e precisas", dos serviços isentos. Permite-se ainda a opção pela tributação relativamente a determinados serviços, possibilitando-se, desta forma, o exercício do direito à dedução do imposto suportado e introduz-se o conceito de "grupo de partilha de custos", permitindo-se aos operadores a realização de investimentos em comum repartindo os custos destes investimentos com isenção de IVA. Sobre esta proposta veja-se, da autora, *Enquadramento das Operações Financeiras em Imposto sobre o Valor Acrescentado*, Cadernos do IDEFF n.º 13 (Instituto de Direito Económico, Financeiro e Fiscal da Faculdade de Direito da Universidade de Lisboa), Almedina, Março 2011, e "As propostas de Directiva e de Regulamento IVA sobre os serviços financeiros", *Revista da Câmara dos Técnicos Oficiais de Contas* n.º 101, 2008.

Isto é, relativamente a estas isenções mostra-se particularmente importante a questão da qualificação das operações, devendo, ainda, salientar-se o seguinte:
i) Não são, igualmente, passíveis de renúncia;
ii) Para efeitos da respectiva aplicação não interessa a natureza jurídica das entidades que as praticam nem a do destinatário do serviço, mas sim a natureza da própria operação enquanto operação financeira.

g) Operações de seguro e resseguro
O n.º 6 do artigo 9.º contempla a isenção para as operações de seguro e resseguro, abrangendo as prestações de serviços conexas efectuadas pelos corretores e outros mediadores de seguros.

Esta isenção não é passível de renúncia e, à semelhança do que se verifica quanto à isenção das operações bancárias e financeiras, suscita diversos problemas de aplicação devido, basicamente, à questão da qualificação das operações enquanto tal.

h) Locação de bens imóveis
O n.º 5 prevê a isenção de IVA relativamente à locação de bens imóveis[72] para fins de habitação e para fins comerciais, in-

---

[72] De acordo com o disposto nos artigos 1022.º e 1023.º do Código Civil moçambicano, locação é o contrato pelo qual uma das partes se obriga a proporcionar à outra o gozo, temporário de uma coisa, mediante retribuição. A locação diz-se arrendamento quando versa sobre coisa imóvel ou aluguer quando incide sobre coisa móvel.
Tal como nota Emanuel Vidal Lima, IVA – *Imposto sobre o Valor Acrescentado, comentado e anotado*, Porto Editora, 9ª edição, Janeiro de 2003, pp. 254 e 255, "*O que se pretende é isentar o arrendamento (designação que toma a locação de imóveis), principalmente pelas seguintes razões:*
• regra geral, o senhorio, o prestador de serviços para efeitos de IVA, é um particular e não uma organização empresarial. Assim, a não se verificar a isenção e sendo tributado o arrendamento, aumentar-se-ia desmesurada-

dustriais e de prestação de serviços, em imóveis localizados nas zonas rurais.

Note-se que em 2007 se restringiu o âmbito desta isenção, que anteriormente abrangia como regra a isenção da locação de imóveis para fins comerciais e industriais, incluindo a prestação de serviços, embora com algumas excepções.

i) Operações efectuadas no âmbito de explorações agrícolas, silvícolas, de pecuária ou de pesca

O n.º 7 prevê isenções relativamente às transmissões de bens e às prestações de serviços, efectuadas no âmbito de uma actividade agrícola, silvícola, pecuária ou de pesca, incluindo nas actividades acima referidas as de transformação efectuadas com carácter acessório pelo produtor sobre os produtos provenientes da respectiva produção, utilizando os seus próprios recursos, desde que essa transformação seja efectuada por meios normalmente utilizados nas explorações agrícolas, silvícolas, pecuárias e de pesca. Esta é a única isenção prevista no artigo 9.º do CIVA que é passível de renúncia.

j) Jogo

O n.º 8 prevê uma isenção aplicável à exploração e prática de jogos de fortuna ou azar e de diversão social, nos termos previstos em legislação própria, bem como as respectivas comissões e todas as operações sujeitas a imposto especial sobre o jogo,

---

mente o universo de contribuintes do IVA e desde logo as dificuldades de administração e controlo do imposto;

• *uma vez concedida a isenção a particulares, a sua não concessão a sujeitos passivos originaria distorções e seria susceptível de provocar fraude e evasão fiscal;*

• *a tributação das rendas de casa sem a simultânea tributação do valor do consumo dos prédios habitados pelos próprios proprietários, dada a dificuldade de se encontrar um valor tributável para essa situação, provocaria a discriminação dos primeiros a favor dos últimos".*

incluindo o preço dos títulos das apostas e bilhetes de acesso ou ingresso nas áreas de jogo.

k) Transmissão de direitos de autor, de obras e de publicações

Em conformidade com o previsto no n.º 9 estão isentas do imposto:

– A transmissão do direito de autor e a autorizição para a utilização da obra intelectual, quando efectuadas pelos próprios autores, seus herdeiros ou legatários;[73]

– A transmissão de jornais, revistas e livros, considerados de natureza cultural, educativa, técnica ou recreativa.

Também estas isenções não são passíveis de renúncia.

l) Bens essenciais

O n.º 10 vem prever uma isenção aplicável às transmissões de farinha de milho, arroz, pão, sal iodado, leite em pó para lactentes até um ano, trigo, farinha de trigo, tomate fresco ou refrigerado, carapau congelado, petróleo de iluminação, *jet fuel*, redes mosquiteiras, bicicletas comuns, preservativos e insecticidas.

Note-se que esta isenção permite igualmente que se deduza o IVA suportado para a realização destas operações, i.e., é uma isenção completa, total, ou que confere direito à dedução do IVA suportado.

Por sua vez, o n.º 12 deste artigo vem prever as seguintes isenções:

– As transmissões de bens resultantes de actividade industrial de produção de rações destinadas à alimentação de animais de reprodução e abate, para consumo humano (alínea f) do

---

[73] Isto é, estão isentas de IVA as duas formas de disponibilidade dos poderes patrimoniais contidos no direito de autor: a autorização para a utilização da obra por terceiros e a cessão do conteúdo patrimonial do autor sobre a sua obra.

n.º 12). Note-se que esta isenção permite que se deduza o IVA suportado para a realização destas operações, i.e., é uma isenção completa, total, ou que confere direito à dedução do IVA suportado.

– As transmissões de grão de soja, bagaço de soja, soja integral, farinha de peixe, farinha de carne, pós de osso, monofosfato de cálcio, lisina, metionina, a utilizar como matéria prima na actividade industrial de produção de rações destinadas a alimentação de animais de reprodução e abate para o consumo humano (alínea g) do n.º 12).

– As transmissões de bens de equipamento, sementes, reprodutores, adubos, pesticidas, herbicidas, fungicidas e similares, bem como redes, anzóis e outros aprestos para a pesca, constantes da Pauta Aduaneira e discriminados no Anexo I que é parte integrante do presente Código (alínea h) do n.º 12).

– Transmissões de medicamentos destinados à aplicação veterinária (alínea i) do n.º 12).

Os bens constantes do Anexo I ao CIVA, classificados pelo Código Pautal e pela designação das mercadorias, são os seguintes:

ANEXO I
Lista de bens Isentos do IVA

0101.10.00 – Reprodutores de raça pura, vivos das espécies cavalar, asinina e muar

0102.10.00 – Reprodutores de raça pura, vivos da espécie bovina

0102.90.00 – Outros reprodutores de raça pura, vivos da espécie bovina de peso inferior a 200 Kg

0103.10.00 – Reprodutores de raça pura, vivos da espécie suína

0103.90.00 – Outros reprodutores de raça pura, vivos da espécie suína de peso inferior a 50Kg

0104.10.10 – Reprodutores de raça pura, vivos da espécie ovina

0104.20.10 – Reprodutores de raça pura, vivos da espécie caprina

0105.11.10 – Reprodutores certificados, galos, galinhas, patos, gansos, pintadas, das espécies domésticas vivos, de peso não superior a 185 g

0105.12.00 – Reprodutores certificados, peruas e perus, das espécies domésticas vivos, de peso não superior a 185g

0105.19.00 – Outros reprodutores certificados, das espécies domésticas vivos, de peso não superior a 185g

0105.92.10 – Reprodutores certificados e poedeiras, galos e galinhas de peso não superior a 2000g

0105.93.10 – Reprodutores certificados e poedeiras, galos e galinhas de peso superior a 2000g

0306.23.10 – Larvas de camarão com comprimento não superior a 1 mm

0402.10.10 – Leite em pó, grânulos ou outras formas sólidas, concentrados ou adicionados de açúcar ou de outros edulcorantes, com um teor, em peso, de matérias gordas; não superior a 1,5%, para lactentes, devidamente identificado na embalagem

0402.21.10 – Leite em pó, grânulos ou outras formas sólidas, concentrados sem adição de açúcar ou de outros edulcorantes, com um teor, em peso, de matérias gordas, superior a 1,5%, para lactentes, devidamente identificado na embalagem

0407.00.10 – Ovos de aves, com casca, frescos para incubação certificados

0511.10.00 – Sémen de bovino

0511.99.10 – Sémen de outras espécies

0701.10.00 – Batata-semente

0702.00.00 – Tomate, frescos ou refrigerados

0703.10.11 – Cebolas de semente
0713.32.10 – Feijão Adzuki destinado a sementeira
0713.33.10 – Feijão comum destinado a sementeira
0713.39.10 – Outros feijões destinados a sementeira
1005.90.90 – Outro trigo e mistura de trigo com centeio
1005.10.00 – Milho destinado a sementeira
1006.10.10 – Arroz destinado a sementeira
1007.00.10 – Mapira para sementeira
1008.90.21 – Mexoeira destinado a sementeira
1008.90.91 – Outros cereais destinado a sementeira
1101.00.00 – Farinhas de trigo ou mistura de trigo e centeio
1102.20.00 – Farinha de milho
1201.00.10 – Favas de soja destinadas a sementeira
1202.20.10 – Amendoins descascados destinados a sementeira
1206.00.10 – Sementes de girassol destinadas sementeira
1207.20.10 – Sementes de algodão destinadas a sementeira
1207.30.10 – Sementes de rícino destinadas a sementeira
1207.40.10 – Sementes de gergelim destinadas a sementeira
1209.91.11 – Sementes de abóbora
1209.91.12 – Sementes de beringela
1209.91.13 – Sementes de couve tronchuda
1209.91.14 – Sementes de couve galega
1209.91.15 – Sementes de repolho
1209.91.16 – Sementes de pepino
1209.91.17 – Sementes de pimento
1209.91.18 – Sementes de tomate
1209.91.19 – Sementes de melão ou melancia
1209.91.90 – Outras sementes de produtos hortícolas
1209.99.00 – Outras sementes
3101.00.00 – Adubos (fertilizantes) de origem animal ou vegetal, mesmo misturados entre si ou tratados quimicamente; adubos fertilizantes resultantes da misturas ou do tratamento químico de produtos de origem animal ou vegetal

3102.10.00 — Adubos (fertilizantes) minerais ou químicos, azotados (nitrogenados): Ureia, mesmo em solução aquosa

3102.21.00 — Sulfato de amónio

3102.29.00 — Outros adubos (fertilizantes) minerais ou químicos, azotados (nitrogenados)

3102.30.00 — Adubos (fertilizantes) minerais ou químicos, azotados (nitrogenados): Nitrato de amónio, mesmo em solução aquosa

3102.40.00 — Adubos (fertilizantes) minerais ou químicos, azotados (nitrogenados): Misturas de nitrato de amónio com carbonato de cálcio ou com outras matérias inorgânicas desprovidas de poder fertilizante

3102.50.00 — Adubos (fertilizantes) minerais ou químicos, azotados (nitrogenados): Nitrato de sódio

3102.60.00 — Adubos (fertilizantes) minerais ou químicos, azotados (nitrogenados): Sais duplos e misturas de nitrato de cálcio e nitrato de amónio

3102.70.00 — Adubos (fertilizantes) minerais ou químicos, azotados (nitrogenados): Cianamida cálcica

3102.80.00 — Adubos (fertilizantes) minerais ou químicos, azotados (nitrogenados): Misturas de ureia com nitrato de amónio em soluções aquosas ou amoniacais

3102.90.00 — Outros, adubos (fertilizantes) minerais ou químicos, azotados (nitrogenados) incluindo as misturas não mencionadas nas precedentes sub posições

3103.10.00 — Adubos (fertilizantes) minerais ou químicos, fosfatados: Superfosfatos

3103.20.00 — Adubos (fertilizantes) minerais ou químicos, fosfatados: Escórias de desfosforação

3103.90.00 — Outros adubos (fertilizantes) minerais ou químicos, fosfatados

3104.10.00 — Carnalite, silvinite e outros sais de potássio naturais, em bruto

3104.20.00 – Adubos (fertilizantes) minerais ou químicos, potássicos: Cloreto de potássio
Adubos (fertilizantes) minerais ou químicos, potássicos:
3104.30.00 – Sulfato de potássio
3104.90.00 – Outros adubos (fertilizantes) minerais ou químicos, potássicos
3105.10.00 – Adubos (fertilizantes) minerais ou químicos, contendo dois ou três dos seguintes elementos fertilizantes: azoto (nitrogénio), fósforo e potássio; outros adubos (fertilizantes), produtos do presente capítulo apresentados em tabletes ou forma semelhantes, ou ainda em embalagens com peso bruto não superior a 10 kg.
3105.20.00 – Adubos (fertilizantes) minerais ou químicos, contendo os três elementos fertilizantes: azoto (nitrogénio), fósforo e potássio
3105.30.00 – Adubos (fertilizantes) minerais ou químicos, Hidrogéno-ortofosfato de diamónio (fosfato diamónico ou dimoniacal)
3105.40.00 – Adubos (fertilizantes) minerais ou químicos, didrogeno-ortofosfato de amónio (fosfato monoamónieo ou monomoniacal), mesmo misturado com hidrogeneo-ortofosfato de diamónio (fosfato diamónico ou diamoniacal)
3105.51.00 – Outros adubos (fertilizantes) minerais ou químicos, contendo os dois elementos fertilizantes, azoto (nitrogénio) e fósforo: contendo nitratos e fosfatos
3105.59.00 – Outros adubos (fertilizantes) minerais ou químicos, contendo os dois elementos fertilizantes: azoto (nitrogénio) e fósforo
3105.60.00 – Adubos (fertilizantes) minerais ou químicos. contendo os dois elementos fertilizantes: fósforos e potássio
3105.90.00 – Outros adubos (fertilizantes) minerais ou químicos, contendo dois ou três dos seguintes elementos fertilizantes: azoto (nitrogénio), fósforo e potássio; outros adubos (fertili-

zantes), produtos do presente capítulo apresentados em tabletes ou forma semelhantes, ou ainda em embalagens com peso bruto não superior a 10 kg

3808.10.00 – Insecticidas

3808.20.00 – Fungicidas

3808.30.00 – Herbicidas, inibidores de germinação e reguladores de crescimento para plantas

3808.40.00 – Desinfectantes

3808.90.00 – Outros produtos semelhantes

3821.00.00 – Meios de cultura preparados para o desenvolvimento de microrganismos

3822.00.00 – Reagentes de diagnóstico ou de laboratório em qualquer suporte e reagentes de diagnóstico ou de laboratório preparados, mesmo apresentados em suporte, excepto os das posições número. 30.02 ou 30.06; materiais de referência certificados

3926.90.10 – Flutuadores para a pesca

5407.42.10 – Redes mosquiteiras

5608.11.00 – Redes confeccionadas para a pesca

8201.10.00 – Pás

8201.20.00 – Forcados e forquilhas

8201.30.00 – Alviões, picaretas, enxadas, sachos, ancinhos e raspadeiras

8201.40.00 – Machados, padrões e ferramentas semelhantes de gume.

8201.50.00 – Tesouras de podar (incluindo as tesouras para aves domésticas), manipuladas com uma das mãos

8201.60.00 – Tesouras pata sebes, tesouras de podar e ferramentas semelhantes, manipuladas com as duas mãos

8201.90.00 – Outras ferramentas manuais para agricultura, horticultura e silvicultura

8202.10.00 – Serras manuais

8202.20.00 – Folhas para serras de fita

8208.40.00 – Facas e lâminas cortantes para máquinas para a agricultura, horticultura ou silvicultura

8408.10.90 – Outros motores de pistão, de ignição por compressão (motores diesel ou semi-diesel) para propulsão de embarcações

8413.20.00 – Bombas para líquidos, mesmo com dispositivo medidor, elevadores de líquidos: bombas manuais, excepto das sub posições 8413.11 e 8413.19

8413.81.00 – Outras bombas

8413.82.00 – Elevadores de líquidos

8419.31.00 – Secadores para produtos agrícolas

8421.11.00 – Centrifugadores, incluindo os secadores centrífugos; Desnatadeiras

8424.81.00 – Aparelhos mecânicos (mesmo manuais) para projectar, dispersar ou pulverizar líquidos ou pós, para agricultura ou horticultura

8425.20.00 – Guinchos para elevação e descida de gaiolas ou baldes nos poços de minas, guinchos especialmente concebidos para o uso subterrâneo

8432.10.00 – Arados e charruas

8432.21.00 – Grades de discos

8432.29.00 – Outros: Grades, escarificadores, cultivadores, extirpadores, enxadas e sachadores

8432.30.00 – Semeadores, plantadores e transplantadores

8432.40.00 – Espalhadores de estrume e distribuidores de adubos ou fertilizantes

3432:80.00 – Outras máquinas e aparelhos de uso agrícola, hortícola ou florestal; para preparação ou trabalho do solo ou para cultura

8432.90.00 – Partes de máquinas e aparelhos de uso agrícola, hortícola ou florestal, para preparação ou trabalho do solo ou para cultura

3433.11.00 – Cortadores de relva motorizados, cujo dispositivo de corte gira num plano horizontal, para colheita ou debulha de produtos agrícolas

3433.19.00 – Outros cortadores de relva motorizados, para colheita ou debulha de produtos agrícolas

8433.20.00 – Ceifeiras, incluindo as barras de corte para montagem em tractores

8433.30.00 – Outras máquinas e aparelhos para colher e dispor o feno

8433.40.00 – Enfardadeiras de palha ou de forragem, incluindo as enfardadeiras apanhadeiras

8433.51.00 – Ceifeiras-debulhadoras

8433.52.00 – Outras máquinas e aparelhos para debulha

8433.53.00 – Máquinas para colheita de raízes ou tubérculos

8433.59.00 – Outras máquinas e aparelhos para colheita e para debulha

8433.60.00 – Máquinas para limpar ou seleccionar ovos, frutas ou outros produtos agrícolas

8433.90.00 – Partes de máquina e aparelhos para colheita ou debulha de produtos agrícolas, incluindo as enfardadeiras de palha ou forragem; cortadores de relva e ceifeiras; máquinas para limpar e seleccionar ovos, frutas ou outros produtos agrícolas, excepto os da posição número 84.37

8434.10.00 – Máquinas de ordenhar

8434.20.00 – Máquinas e aparelhos, para a indústria de lacticínios

8434.90.00 – Partes de máquinas e aparelhos de ordenhar e para a indústria de lacticínios

8435.10.00 – Prensas, esmagadores, máquinas e aparelhos semelhantes, para fabricação de vinho, sidra, sumos de frutas ou bebidas semelhantes

8435.90.00 – Partes de prensas, esmagadores, máquinas e aparelhos semelhantes, para fabricação de vinho, sidra, sumos de frutas ou bebidas semelhantes

8436.10.00 – Máquinas e aparelhos, para preparação de alimentos e rações para animais

8436.21.00 – Chocadeiras e criadeiras para avicultura

8436.29.00 – Outras máquinas e aparelhos, para agricultura, horticultura, silvicultura, avicultura ou apicultura, incluindo os germinadores equipados com dispositivos mecânicos ou térmicos

8436.80.00 – Outras máquinas e aparelhos

8436.91.00 – Partes de máquinas e aparelhos, para agricultura, horticultura, silvicultura, avicultura ou apicultura, incluindo os germinadores equipados com dispositivos mecânicos ou térmicos e as chocadeiras e criadeiras para silvicultura

8436.99.00 – Partes de outras máquinas e aparelhos

8437.10.00 – Máquinas para limpeza, selecção ou peneiração de grão ou de produtos agrícolas secos

8437.80.00 – Outras máquinas e aparelhos para a indústria de moagem ou tratamento de cereais ou de produtos hortícolas secos, excepto dos tipos utilizados em fazendas

8437.90.00 – Partes de máquinas para limpeza, selecção ou peneiração de grãos ou de produtos hortícolas secos; máquinas e aparelhos› para a indústria de moagem ou tratamento de cereais ou de produtos hortícolas secos, excepto dos tipos utilizados em fazendas

8501.61.00 – Geradores de corrente alternada de potência não superior a 75 KVA

8502.11.00 – Grupos electrogéneos de motor de pistão de ignição por compressão (motores diesel ou semi-diesel) de potência não superior a 75KVA

8502.20.00 – Grupos electrogéneos de motor de pistão de ignição por faísca (motor de explosão)

8701.10.00 – Motocultores
8701.20.00 – Tractores rodoviários para semi-reboques
8701.30.00 – Tractores de lagartas
8701.90.10 – Tractores agrícolas e tractores florestais
8701.90.90 – Outros tractores
8704.21.10 –Veículos automóveis para transporte de mercadorias, com motor de pistão de ignição por compressão (diesel ou semi-diesel), de peso bruto não superior a 5 toneladas. ele cabine dupla e caixa aberta com cilindrada inferior a 3.200cm3
8704.21.90 – Outros veículos automóveis para transporte de mercadorias, com motor de pistão de ignição por compressão (diesel ou semi-diesel), de peso bruto não superior a 5 toneladas
9507.20.00 – Anzóis. mesmo montados em terminais
9507.90.00 – Outros artigos para a pesca a linha

Todas estas isenções, à excepção da mencionada, não possibilitam a renúncia.

m) Material de guerra

De acordo com o previsto no n.º 11, estão isentas as transmissões de bens e prestações de serviços efectuadas no âmbito de fornecimento de material de guerra e de aquartelamento, fardamentos militares e paramilitares, destinados à utilização oficial das Forças de Defesa e de Segurança Nacional, desde que a actividade seja efectuada exclusivamente para aqueles serviços, por estabelecimentos reconhecidos pelo Ministério competente.

Estas isenções não possibilitam a renúncia.

n) Serviços públicos

Estão isentas de IVA as seguintes operações:

– As transmissões de bens e as prestações ligadas à segurança efectuadas por entidades públicas (alínea b) do n.º 2);

— As transmissões, pelo seu valor facial, de selos do correio em circulação ou de valores selados e bem assim as respectivas comissões de venda (alínea a) do n.º 12);
— O serviço público de remoção de lixos (alínea b) do n.º 12);
— As prestações de serviços e as transmissões de bens acessórias aos mesmos serviços, efectuadas por empresas funerárias e de cremação (alínea c) do n.º 12).
Estas isenções não são susceptíveis de renúncia.

o) Operações sujeitas a Sisa
Nos termos do disposto na alínea d) do n.º 12, as operações sujeitas a Imposto de Sisa (SISA) estão isentas de IVA.
Esta isenção não é passível de renúncia.

p) Transmissões de certos bens que não foram objecto do direito à dedução
Neste caso, acolhido na alínea e) do n.º 12 do artigo 9.º, prevêem-se isenções em duas situações:
— As transmissões de bens afectos exclusivamente a uma actividade isenta, ou que, em qualquer caso, não tenham sido objecto do direito à dedução, e
— As transmissões de bens cuja aquisição ou afectação tenha sido feita com exclusão do direito à dedução nos termos do artigo 20.º (este será o caso, por exemplo, de um escritório de advogados adquirir uma viatura ligeira, não podendo deduzir o IVA nos termos do artigo 20.º do CIVA, que posteriormente vende).
Estas isenções não possibilitam a renúncia.

q) Isenções temporárias

Vigoram até 31 de Dezembro de 2015 as seguintes isenções temporárias[74]:
- Transmissão do açúcar;
- Transmissões de matérias-primas, produtos intermediários, peças, equipamentos e componentes, efectuadas pela indústria nacional do açúcar.
- Transmissões de óleos alimentares e de sabões[75];
- Transmissões de bens resultantes da actividade industrial de produção do óleo alimentar a sabões, realizadas pelas respectivas fábricas. Esta isenção permite que se deduza o IVA suportado para a realização destas operações, i.e., é uma isenção completa, total, ou que confere direito à dedução do IVA suportado;
- Transmissões de bens a utilizar como matéria-prima na indústria de óleos e sabões, constantes da Pauta Aduaneira e discriminados no Anexo II do CIVA;
- Transmissões de bens e as prestações de serviços efectuadas no âmbito da actividade agrícola de produção de cana-de-açúcar e destinadas à indústria. Esta isenção permite igualmente que se deduza o IVA suportado para a realização destas operações, i.e., é uma isenção completa, total, ou que confere direito à dedução do IVA suportado.

---

[74] Estas isenções têm vindo a ser prorrogadas, tendo a sua vigência anteriormente sido fixada até 31 de Dezembro de 2010. Note-se também que até esta data estavam isentas, nos termos do estatuído na alínea a) do n.º 1 do n.º 13.º, as "*Aquisições de matérias-primas, produtos intermediários, peças, equipamentos, componentes, efectuadas pela indústria nacional do açúcar*".

[75] Esta redacção é nova e foi introduzida em 1 de Janeiro de 2012, através da Lei n.º 2/2012, de 23 de Janeiro. A redacção anterior era a seguinte "*Transmissões de bens a utilizar como matéria-prima na indústria de óleos e sabões, resultantes da actividade industrial de produção do óleo alimentar a sabões, realizadas pelas respectivas fábricas*".

7.2.2. Renúncia à isenção

Tal como acabámos de verificar, regra geral, não é possível renunciar às isenções previstas no artigo 9.º, admitindo-se apenas tal possibilidade em algumas situações excepcionais.

Nos termos do artigo 11.º, podem renunciar à isenção, ou seja, podem ser tributadas por opção expressamente efectuada pelo sujeito passivo, as operações previstas no n.º 7 do artigo 9.º, a saber: transmissões de bens e as prestações de serviços, efectuadas no âmbito de explorações agrícolas, silvícolas, de pecuária ou de pesca, incluindo nas actividades acima referidas as de transformação efectuada com carácter acessório pelo produtor sobre os produtos provenientes da respectiva produção, utilizando os seus próprios recursos, desde que essa transformação seja efectuada por meios normalmente utilizados nas explorações agrícolas, silvícolas, pecuárias e de pesca

Relativamente ao exercício desta opção deverá ter-se em consideração que se efectiva mediante a entrega, na Direcção da Área Fiscal competente, da declaração de início ou de alterações, conforme for o caso e produz efeitos a partir de 1 de Janeiro do ano civil seguinte, salvo se o sujeito passivo iniciar a actividade no decurso do ano, caso em que produz efeitos desde o início da actividade.

O sujeito passivo é obrigado a permanecer no regime pelo qual optou durante um período mínimo de cinco anos, passando a estar sujeito a todas as obrigações decorrentes desse regime. Se desejar passar novamente à situação de isenção, deverá apresentar, antes de terminar o referido prazo, uma declaração adequada na DAF competente, que produz efeitos a partir de 1 de Janeiro do ano civil seguinte.

7.3. *Isenções nas importações*

Sobre esta matéria vide o capítulo III dedicado à tributação das operações internacionais.

7.4. *Isenções nas exportações, operações assimiladas a exportações e transportes internacionais*

Sobre esta matéria veja-se o capítulo III, dedicado ao IVA nas operações internacionais.

7.5. *Outras isenções*

Sobre esta matéria veja-se o capítulo III, dedicado ao IVA nas operações internacionais.

7.6. *Regime especial de isenção do artigo 35.º*

O regime especial de isenção previsto no artigo 35.º é aplicável quando se verifiquem, em simultâneo, os seguintes requisitos relativos aos sujeitos passivos beneficiários:
- Não possuírem nem serem obrigados a possuir contabilidade organizada para efeitos de IRPS ou de IRPC;
- Não praticarem operações de importação, exportação ou actividades conexas;
- Não terem atingido, no ano civil anterior, um volume de negócios superior a 750 000,00 MT.[76]

---

[76] Este regime foi ampliado em 2007, diminuindo a carga fiscal da transmissão dos produtos e serviços realizados por sujeitos passivos enquadrados

O volume de negócios a considerar é o que serviu de base à fixação do rendimento colectável nos termos dos CIRPS e CIRPC, excluindo o IVA. Caso não exista rendimento colectável por beneficiar de isenção daqueles impostos, devem ser considerados os elementos que teriam sido tomados em conta caso não existisse a referida isenção.

Este regime apresenta as seguintes características:
- É uma isenção incompleta;
- É de aplicação automática;
- Há dispensa da obrigatoriedade da quase totalidade das obrigações previstas no CIVA, exceptuando-se a emissão de facturas e a entrega das declarações de início, alteração e cessação de actividade.

Se um sujeito passivo passar de um regime de tributação ao regime especial de isenção, deverá proceder à entrega da declaração de alterações em Janeiro do ano seguinte àquele em que se verifiquem os requisitos. Esta declaração produz efeitos a partir de 1 de Janeiro do ano da respectiva apresentação.

Caso se deixem de verificar os requisitos de aplicação do regime, os sujeitos passivos deverão entregar a declaração de alterações igualmente durante o mês de Janeiro do ano seguinte àquele em que tenha sido atingido um volume de negócios superior.

Note-se que, nos termos do disposto no artigo 35.°, n.° 5, se permite que os sujeitos passivos que pratiquem operações isentas que não confiram direito à dedução do imposto e desenvolvam simultaneamente uma actividade acessória tributável, calculem o seu volume de negócios, para efeitos do disposto no n.° 1 do artigo 35.°, considerando apenas os resultados relativos à actividade acessória. Ou seja, poderão em tais circuns-

---

neste regime, passando o volume de negócios previsto de 100.000,00 MT para 750.000,00 MT.

tâncias beneficiar do regime especial de isenção do artigo 35.º relativamente à actividade acessória. Assim, por exemplo, uma farmácia (cuja actividade principal de venda de medicamentos se encontra isenta ao abrigo do artigo 9.º), poderá, apesar de ter um volume de negócios total superior a 750.000 MT, ser enquadrada no regime de isenção na medida em que tenha uma actividade tributável acessória, por exemplo, de venda de cosméticos, a que corresponda a um volume de negócios inferior a 750.000 MT.

Em conformidade com o disposto no artigo 40.º, os sujeitos passivos isentos ao abrigo deste regime são obrigados à entrega das declarações de início e de cessação de actividade.

Por outro lado, determina-se que, sempre que a Direcção Geral de Impostos disponha de indícios seguros para supor que um sujeito passivo isento ultrapassou, em determinado ano, o limite de isenção, procederá à sua notificação para apresentar a declaração de início de actividade ou de alterações, conforme os casos, no prazo de quinze dias, com base no volume de negócios que considerou realizado, sendo devido imposto pelas operações efectuadas pelos sujeitos passivos a partir do mês seguinte ao da entrega da declaração.

Note-se que a Lei n.º 5/2009, de 12 de Janeiro, veio aprovar o Código do Imposto Simplificado para Pequenos Contribuintes e criar o Imposto Simplificado para Pequenos Contribuintes (ISPC), com requisitos de aplicação semelhantes aos previstos no artigo 35.º do CIVA.

Este tributo é aplicável a pessoas singulares ou colectivas que desenvolvam actividades agrícolas, industriais ou comerciais, como a comercialização agrícola, o comércio ambulante, o comércio geral por grosso, a retalho e misto e o comércio rural, incluindo em bancas, barracas, quiosques, cantinas, lojas e tendas, bem como a indústria transformadora e a prestação de serviços, bem como os exportadores e os importadores.

No artigo 5.º deste Código estabelece-se que, para os sujeitos passivos que optem pela tributação em sede deste imposto, não há incidência de IVA sobre as respectivas transmissões de bens e prestações de serviços, nem de IRPS ou de IRPC sobre os rendimentos obtidos.

7.7. Regime de tributação simplificada

O regime de tributação simplificada, como o próprio nome indica, trata-se de um regime simplificado de tributação, determinado *a forfait*, mediante a aplicação de uma percentagem ao valor das vendas ou dos serviços realizados, com excepção das vendas de bens de investimento corpóreos que tenham sido utilizados na actividade por eles exercida. Poderemos afirmar que se trata de um regime intermédio entre o regime de isenção e o regime normal, no qual se incluem determinados sujeitos passivos não enquadrados no regime de isenção devido ao valor do volume de negócios, mas que ao serem enquadrados no regime normal teriam dificuldades em comportar com a estrutura administrativa necessária para o cumprimento das obrigações desse regime[77].

Este regime aplica-se a pessoas singulares, relativamente às quais se deverão observar, cumulativamente, os seguintes requisitos:
- Tenham um volume de negócios superior a 750 000,00 MT e inferior a 2 500 000,00 MT;[78]
- Não possuam nem sejam obrigadas a possuir contabilidade organizada para efeitos de IRPS ou de IRP;

---

[77] Cfr. *Manual do Imposto sobre o Valor Acrescentado*, ACIS, USAID, SPEED e Deloitte, op. cit., p. 54.

[78] Em 2007 houve uma ampliação do regime de tributação simplificada para os sujeitos enquadrados nestes regimes de até 250.000,00 MT para até 2 500.000,00 MT.

– Não pratiquem operações de importação, exportação ou actividades conexas.

O volume anual de negócios é o valor definitivamente tomado em conta para efeitos de tributação em impostos sobre o rendimento.

As características deste regime são, fundamentalmente, as seguintes:
- O montante do IVA a pagar ao Estado é calculado através da aplicação de uma percentagem de 5% ao valor das vendas ou dos serviços realizados, com excepção das vendas de bens de investimento corpóreos que tenham sido utilizados na actividade por eles exercida;
- Os beneficiários encontram-se excluídos do direito à dedução do IVA suportado nas aquisições;
- As facturas emitidas pelos sujeitos passivos abrangidos por este regime não conferem ao adquirente direito à dedução e devem expressamente mencionar "IVA – Não confere direito à dedução";
- Devem registar no prazo de trinta dias a contar da respectiva recepção, as facturas, documentos equivalentes e guias ou notas de devolução relativos a bens ou serviços adquiridos, bem como os documentos emitidos relativamente a bens ou serviços transmitidos e a conservá-los em boa ordem e com observância do registo das operações activas e das operações passivas;
- O pagamento do IVA é efectuado trimestralmente por meio de guia de modelo aprovado;
- Devem entregar em triplicado até ao mês de Fevereiro de cada ano, uma declaração de onde constem as compras e/ou os serviços prestados.

De salientar que, de acordo com o disposto no artigo 48.º, nos casos em que haja fundados motivos para supor que o regime de tributação simplificada concede ao contribuinte vantagens injustificadas ou provoca sérias distorções de concorrência, a Direcção Geral de Impostos pode, em qualquer altura, obrigá-lo à aplicação do regime normal de tributação.

8. Valor tributável

8.1. *Regra geral*

O valor tributável das operações é o valor sobre o qual vai incidir o imposto, tendo regras especiais para efeitos do IVA.

Regra geral, nos termos do artigo 15.º, n.º 1, o valor tributável será o valor da contraprestação obtida ou a obter pelo alienante ou pelo prestador de serviços. Neste montante deverão ser incluídos e excluídos determinados valores, nos termos do disposto nos n.ºs 5 e 6 da citada disposição legal, pelo que o valor tributável e o preço poderão não coincidir.

Assim, são incluídos no valor tributável:
– Os impostos, direitos e taxas, com exclusão do IVA;[79]
– As despesas acessórias debitadas quando respeitem a comissões, embalagens, transporte e seguros por conta do cliente.

---

[79] Ou seja, de acordo com esta regra, o IVA deverá, por exemplo, incidir sobre outros impostos, caso se conclua estarmos perante impostos distintos do próprio IVA. Note-se que, em termos de direito fiscal, esta situação não configura um caso de dupla tributação, dado estarmos perante dois impostos com objectivos distintos, não existindo, consequentemente, o requisito da identidade de imposto, necessário para que se verifique uma situação de dupla tributação.

Por outro lado, são excluídos do valor tributável[80]:
- As quantias recebidas a título de indemnização declarada judicialmente, por incumprimento total ou parcial de contratos;
- Os descontos, bónus e abatimentos;
- As quantias pagas em nome e por conta do adquirente, registadas pelo contribuinte em contas de terceiros apropriados;
- As quantias respeitantes a embalagens que não forem objecto de transacção e da factura ou documento equivalente constem os elementos referidos na parte final da alínea b) do n.º 5 do artigo 27.º.

De acordo com o previsto no n.º 8 do artigo 15.º, sempre que os elementos necessários à determinação do valor tributável sejam expressos em moeda diferente da nacional, a equivalência em meticais faz-se segundo as regras previstas na Lei n.º 2/2006, de 22 de Março.

8.2. *O caso especial dos subsídios e das indemnizações*

Das situações acima referidas resolvemos destacar o caso dos subsídios e das indemnizações, por suscitarem especiais dúvidas em sede deste imposto.

8.2.1. *Os subsídios*

Conceptualmente, os subsídios ou subvenções, invariavelmente designados como subsídios, prémios, ajudas, compensa-

---

[80] Note-se que o IVA que não está incluído é o IVA liquidado na correspondente operação e não o que incidiu sobre os factores utilizados para realizar a operação.

ções, incentivos, contribuições e, até mesmo (incorrectamente), indemnizações, podem ter distintos enquadramentos em sede deste imposto.[81] Assim, o subsídio pode consubstanciar a contraprestação de uma transmissão de bens ou prestação de serviços, o sistema de IVA pode ter normas de inclusão do subsídio no valor tributável das operações tributáveis realizadas pelo sujeito passivo, poderá não ser objecto de tributação mas influenciar o exercício do direito à dedução ou, finalmente, poderá ser totalmente irrelevante para efeitos do IVA. No sistema de IVA da União Europeia optou-se por incluir no valor tributável das operações as subvenções ou subsídios directamente relacionados com o preço de cada operação, opção esta que merece bastantes críticas e que aumenta a complexidade do imposto.

A razão da inclusão no valor tributável dos subsídios directamente relacionados com o preço das operações prende-se com o facto de estarmos perante um imposto que visa tributar o consumo, pelo que, neste caso, não se poderia excluir do valor tributável uma parte da contraprestação.[82]

---

[81] Sobre o enquadramento das subvenções em IVA veja-se Rui Laires, "O Tratamento em IVA das Subvenções e na Jurisprudência Comunitária", *IVA para o Brasil, Contributos para a Reforma da Tributação do Consumo, op. cit.*

[82] Tal como nota o Advogado-Geral L.A. Geelhoed nas conclusões apresentadas em 27 de Junho de 2001 no Processo C-184/00, Caso *Office des Produits Wallons ASBL contra Estado belga*, Colect., p. I-9115, *"Não é óbvio incluir, num regime de IVA, uma disposição que dispõe que as subvenções estão sujeitas a IVA. Tal como o advogado-geral F. G. Jacobs sublinhou, com razão, nas conclusões que apresentou no processo Landboden-Agrardienste, as autoridades públicas tiram assim com uma mão uma percentagem do que deram com a outra. O argumento avançado pela Comissão para justificar a sua posição segundo a qual certas subvenções estão sujeitas a IVA, nomeadamente porque influenciam a concorrência, também não é muito convincente. O exercício de influência sobre a concorrência é uma característica geral das subvenções concedidas aos operadores económicos. Para evitar os efeitos indesejáveis sobre a concorrência, o Tratado CE dispõe, no seu artigo 87.º (que passou, após alteração, a artigo 83.º CE) e nos artigos seguintes um regime de controlo (pre-*

Como nota Xavier de Basto, uma tomada de posição legislativa em sede de subvenções envolve duas formas opostas de conceber um imposto como o IVA: ou como um imposto sobre as transacções das empresas, ou como um imposto geral sobre o consumo.[83] De acordo com o autor, na primeira acepção a inclusão das subvenções tem sentido, dado que, caso assim não sucedesse, o imposto não atingiria o efectivo valor de custo dos factores produtivos, sendo as empresas subvencionadas favorecidas relativamente às não subvencionadas. Perfilhando-se uma acepção do IVA como um imposto geral sobre o consumo, o que é relevante para a tributação é o efectivo dispêndio dos consumidores para obterem o acesso aos bens ou serviços, pelo que a diminuição do valor a pagar por esse acesso, em resultado de uma subvenção, não deveria ser objecto de tributação.

O legislador moçambicano optou por não incluir nenhuma norma de tributação dos subsídios em IVA, opção que se nos afigura preferível, nomeadamente tendo em consideração a realidade do país. Não podemos, contudo, deixar de salientar que sempre que as partes denominem de "subsídio ou subvenção" uma atribuição patrimonial, importará verificar se realmente se trata de subsídios ("subsídios próprios") ou se estamos perante uma contraprestação de uma prestação de serviços a que as partes chamaram "subsídio ou subvenção" ("subsídios impróprios"). No primeiro caso não haverá tributação em IVA, no segundo caso já assim não sucede.

---

ventivo) por parte da Comissão. Por que razão deveria haver, além disso, uma sujeição a IVA quanto a certas formas de subvenções? Acresce ainda que os efeitos decorrentes da cobrança do IVA são limitados. O facto de saber que o IVA deve ser deduzido da subvenção pode levar quem a concede a adicionar-lhe uma certa percentagem para compensar este IVA."

[83] Xavier de Basto, *A tributação do consumo e a sua coordenação internacional*, op. cit., p. 210.

A este propósito o Tribunal de Justiça da União Europeia tem vindo a pronunciar-se. De acordo com a jurisprudência do Tribunal de Justiça da União Europeia, para estarmos perante um subsídio para efeitos deste imposto devem encontrar-se reunidos cumulativamente alguns pressupostos, fundamentalmente[84]:
i) deve ser auferido por um sujeito passivo de IVA, excluindo-se as subvenções destinadas a incentivar o consumo, que têm como destinatários consumidores finais;
ii) deve ter um carácter patrimonial, abrangendo não apenas as prestações de carácter pecuniário, mas o valor correspondente a determinadas prestações em espécie, avaliáveis em dinheiro;[85]
iii) deve ser entregue através do recurso a dinheiros de origem pública, isto é, o subsídio deve ser proveniente, ou com recurso a verbas, de um organismo internacional ou de um organismo público nacional, seja de âmbito estadual, regional ou local;[86]-[87]

---

[84] Conforme faz notar Rui Laires, "O Tratamento em IVA das Subvenções e na Jurisprudência Comunitária",*op. cit.*

[85] Neste sentido veja-se os Acórdãos de 23 de Novembro de 1988, Caso Naturally Yours, Proc. 230/87, Colect., p. I-6365, n.° 16, de 2 de Junho de 1994, Caso Empire Stores, Proc. C-33/93, Colect., p. I-2329, n.° 12 e de 3 de Julho de 1997, Caso Goldsmiths, Proc. C-330/95, Colect., p. I-3801, n.° 23.

[86] Veja-se neste sentido os Acórdãos de 29 de Fevereiro de 1996, Caso Jürgen Mohr, Proc. C-215/94, Colect., p. I-959, de 18 de Dezembro de 1997, Caso Landboden-Agrardienste, Proc. C-384/95, Colect., p. I-7387, de 22 de Novembro de 2001, Caso Office des produits wallons ASBL (OPW) e Estado belga, Proc. C-184/00, Colect., p. I-9115 e de 16 de Setembro de 2004, Caso Cimber Air, Proc. C-382/02, Colect., p. I-8379.

[87] Por este facto, tal como refere Rui Laires, "O Tratamento em IVA das Subvenções e na Jurisprudência Comunitária",*op. cit.*, dificilmente se justificaria que a interpretação do termo subvenção utilizado na Sexta Directiva,

iv) a autoridade que concede a subvenção não deve ser o destinatário das operações tributáveis realizadas pelo sujeito passivo, sendo necessário o envolvimento de três partes: aquele que concede a subvenção, o sujeito passivo que a aufere e o destinatário dos bens ou serviços disponibilizados por esse sujeito passivo (deve existir uma relação triangular);[88]
v) a subvenção ser paga à entidade subvencionada para que esta, concretamente, transmita certos bens ou preste determinados serviços, apenas lhe sendo concedida caso tais operações sejam por ela efectuadas;[89]
vi) o subsídio deve possibilitar à entidade subvencionada praticar preços inferiores aos praticados na sua ausência, de que os adquirentes dos bens ou destinatários dos serviços sejam directamente os beneficiários;[90] e,
vii) a contrapartida consubstanciada na subvenção, deve ser determinada ou determinável, não sendo necessário que o montante subvencionado corresponda exactamente à diminuição do preço, bastando que o seja de forma significativa.[91]

Grosso modo, tal como refere Rui Laires[92], deve entender-se que o conceito de subvenção em causa "... *se reporta à atribuição a um sujeito passivo do IVA, por parte de um organismo internacio-*

---

entenda-se, actualmente na Directiva IVA, se alargasse às liberalidades atribuídas por entidades privadas.

[88] Cfr. Casos *OPW*, n.º 10 e *KNW*, de 13 de Junho de 2002, Proc. C-353/00, Colect., p. I-5419, n.º 23.

[89] Cfr. Casos OPW, n.º 12 e Comissão/Itália, de 15 de Julho de 2004, Proc.C-381/01, Colect., p. I-6845, n.º 29.

[90] Cfr. Casos OPW, n.º 14 e Comissão/Itália, *ibidem*, n.º 30.

[91] Cfr. Casos OPW, n.ºs 13 e 17 e Comissão/Itália, *ibidem*, n.º 31.

[92] "O Tratamento em IVA das Subvenções e na Jurisprudência Comunitária", *op. cit.*

nal ou de um organismo de direito público nacional, ou a expensas destes, de uma prestação de carácter patrimonial, assumindo o sujeito passivo subvencionado o compromisso de adoptar uma determinada conduta, prosseguir um dado objectivo ou realizar um certo projecto ou tarefa, de que a entidade que concede a subvenção não é a directa beneficiária ou destinatária, mas que visa a satisfação de uma necessidade colectiva ou ir ao encontro de um interesse público considerado relevante".

Por parte da Administração Fiscal portuguesa, tem-se entendido que apenas serão de considerar como subsídios as quantias que tenham subjacente um verdadeiro espírito de liberalidade, ou seja, aquelas em que quem subsidia surja na posição de um terceiro na operação patrocinada, sem que a esta atribuição patrimonial corresponda directamente uma qualquer contrapartida económica ou um retorno de benefício atribuído. Assim, por exemplo, sempre que no âmbito de actividades patrocinadas os beneficiários promovam por qualquer meio as entidades patrocinadoras, as quantias por estas entregues não poderão ser consideradas subsídios, constituindo antes a contraprestação de um serviço, pelo que deverão ser objecto de tributação em IVA à taxa normal.[93]

8.2.2. *As indemnizações*

Quanto às indemnizações, vimos que são excluídas do valor tributável das operações aquelas que forem declaradas judicialmente, por incumprimento total ou parcial de obrigações, dado não terem uma relação directa com a prestação. Quais é que serão, então, as indemnizações tributáveis em sede de IVA?

---

[93] Cfr. Informação n.º 1517, de 26.4.94, da Direcção de Serviços de Concepção do Serviços de Administração do IVA, Ministério das Finanças.

Relativamente ao tratamento das indemnizações em sede deste imposto,[94] deverá ter-se em consideração que o desiderato tributário reside apenas em abranger as operações que são remuneradas através de uma contrapartida e não as meras compensações ressarcitórias. Assim, pode concluir-se com segurança que as puras indemnizações não levantam quaisquer implicações ao nível da liquidação de IVA. Todavia, deve entender-se que, *sempre que ocorra a entrega de um bem ou a prestação de um serviço, trata-se de um facto tributário com implicações em sede de IVA, atentos os termos genéricos em que é estabelecida a incidência deste imposto, independentemente da forma e dos termos utilizados pelas partes.*
(...)
Apesar das dificuldades que poderão ocorrer, a directriz que deverá orientar o intérprete reside em saber se existe uma contraprestação, directa ou indirecta, imediata ou mediata, actual ou potencial, evidente ou obscura..."[95].

Neste contexto, no caso de as indemnizações sancionarem a lesão de qualquer interesse sem carácter remuneratório porque não remuneram qualquer operação, antes se destinam a reparar um dano, não devem ser tributáveis em IVA, na medida em que

---

[94] Conforme concluem Afonso Arnaldo e Pedro Vasconcellos Silva, *in* "O IVA e as indemnizações", Fisco n.º 107/108, Março 2003, p. 88. Tal como os autores começam por afirmar no início do seu estudo (p. 85), a questão da tributação em IVA das indemnizações presta-se a inúmeras incertezas e contradições, estando em causa uma matéria em que os conceitos e os tipos abstractamente considerados se revelam de difícil aplicação prática, fruto da complexidade factual das mesmas.

Tecidas estas considerações, os autores concluem, em termos práticos, que, nomeadamente, não são tributáveis em IVA as indemnizações pagas em resultado de mora do devedor ou por cumprimento defeituoso da prestação, sendo tributáveis as indemnizações pagas por rescisão antecipada de contratos de concessão.

[95] Arnaldo e Pedro Vasconcellos Silva, *in* "O IVA e as indemnizações", *op. cit.*, pp. 88 e 89.

não têm subjacente uma transmissão de bens ou uma prestação de serviços. Encontrar-se-á nesta situação a indemnização a receber por parte de um comissionista em virtude do incumprimento de um contrato de agência, cujo montante foi acordado entre as partes, a título de comissões não recebidas, quebra de contrato e indemnização de clientela. Configurando-se como uma obrigação de conteúdo negativo, na medida em que visa compensar os proveitos que deixam de ser obtidos (lucros cessantes), deverá entender-se o seu pagamento como contraprestação de operação sujeita a imposto. Assim, o débito do comissionista ao cliente, relativo a indemnização por quebra do contrato, é passível de tributação.

8.3. *Regras especiais*

Como regras especiais quanto à determinação do valor tributável temos as seguintes:

a) No caso de não devolução de mercadorias enviadas à consignação, o valor tributável é o constante da factura (alínea a), do n.º 2, do artigo 15.º);

b) Tratando-se de afectações de bens previstas nas alíneas e) e f) do artigo 3.º, o valor tributável é o preço de aquisição dos bens ou de bens similares, ou, na sua falta, o preço de custo, reportados ao momento da realização das operações (alínea b), do n.º 2, do artigo 15.º);

c) Para as operações de auto consumo externo previstas no n.º 2 do artigo 4.º, o valor tributável é o valor normal (alínea c), do n.º 2, do artigo 15.º);

d) Para as transmissões de bens e prestações de serviços resultantes de actos de autoridades públicas, o valor tributável é a indemnização ou qualquer outra forma de compensação (alínea d), do n.º 2, do artigo 15.º);

e) Para as transmissões de bens entre o comitente e o comissário ou entre o comissário e o comitente, o valor tributável é, respectivamente, o preço de venda acordado pelo comissário, diminuído da comissão, e o preço de compra acordado pelo comissário, aumentado da comissão (alínea e), do n.º 2, do artigo 15.º);

f) Para as transmissões de bens sujeitos ao "Regime de bens em segunda mão" ("Regime de tributação pela margem"), efectuadas por sujeitos passivos que tenham adquirido os bens para revenda, o valor tributável consiste na diferença entre o preço de compra e o preço de venda, excluído o IVA, podendo, contudo, os sujeitos passivos optar pela aplicação da regra geral de determinação do valor tributável prevista no n.º 1 do artigo 15.º (alínea f), do n.º 2, do artigo 15.º);

g) Para as transmissões de bens sujeitos ao "Regime de bens em segunda mão" ("Regime de tributação pela margem"), efectuadas por organizadores de vendas em leilão que actuem em nome próprio, nos termos de um contrato de comissão de venda e os bens tenham sido adquiridos no território nacional, o valor tributável consiste no valor facturado ao comprador depois de deduzidos:

– o montante líquido pago ou a pagar pelo organizador de vendas em leilão ao seu comitente, que corresponde à diferença entre o preço da adjudicação do bem em leilão e o montante da comissão obtida ou a obter, pelo organizador da venda em leilão, do respectivo comitente, de acordo com o estabelecido no contrato de comissão de venda,

– o montante do imposto devido pelo organizador de vendas em leilão relativo à transmissão de bens (alínea g), do n.º 2, do artigo 15.º);

h) Para as transmissões de bens resultantes de actos de arrematação ou venda judicial ou administrativa, de conciliação ou de contratos de transacção, o valor tributável é o valor pelo qual as arrematações ou vendas sejam efectuadas ou, se for caso disso, o valor normal dos bens transmitidos (alínea h), do n.º 2, do artigo 15.º);

i) Para as operações resultantes de contrato de locação financeira, o valor tributável é o valor da renda recebida ou a receber do locatário (alínea i), do n.º 2, do artigo 15.º);

De notar que temos um conjunto de regras específicas de determinação do valor tributável que consubstanciam situações de benefícios fiscais que operam através da técnica da redução do valor tributável e que anteriormente a 1 de Janeiro de 2008, i.e., antes da entrada em vigor do novo CIVA, se encontravam dispersas em diversos Decretos.

Encontram-se nesta situação:

a) As transmissões dos combustíveis, cujo preço é fixado por Autoridade Pública, efectuadas por revendedores, excluindo-se do valor tributável a Taxa sobre os Combustíveis, i.e., o IVA não incide sobre esta taxa (alínea i), do n.º 2, do artigo 15.º);

b) As transmissões de energia, cujo preço é fixado por Autoridade Pública, incidindo IVA sobre 62% do valor total da factura (alínea j), do n.º 2, do artigo 15.º);

c) As prestações de serviços cujo preço é fixado através de taxas aeronáuticas incidindo IVA sobre 85% do valor total da factura (alínea k), do n.º 2, do artigo 15.º);

d) As prestações de serviços de obras públicas em construção e reabilitação de estradas, pontes e infra-estruturas de abastecimento de água e electrificação rural[96], deduzindo-se

---

[96] A inclusão da electrificação rural nesta regra ocorreu em 2012, através da Lei n.º 2/2012, de 23 de Janeiro..

60% do valor tributável (alínea l), do n.º 2, do artigo 15.º). Entende-se para este efeito que estão compreendidas nas infra-estruturas de abastecimento de água as barragens, as estações de tratamento de águas e os grandes sistemas de abastecimento de água. Por electrificação rural entende-se a construção e reabilitação de infra-estruturas de produção, transporte e distribuição de energia eléctrica nas zonas rurais, no âmbito de projectos públicos de electrificação rural.

Quando a contraprestação não é definida no todo ou parte em dinheiro, o valor tributável é o montante recebido ou a receber acrescido do valor normal dos bens ou serviços dados em troca (n.º 3, do artigo 15.º).

De notar que, nos termos do disposto no n.º 4 do artigo 15.º, o valor normal é o preço que um adquirente ou destinatário, no estádio de comercialização onde é efectuada a operação e em condições normais, teria de pagar a um fornecedor ou prestador independentes, no tempo e lugar em que é efectuada a operação, ou no tempo e lugar mais próximos, para obter o bem ou o serviço. Isto é, o valor normal será o montante mais próximo possível do valor comercial.

Saliente-se que, nos termos do disposto no n.º 7 do artigo 15.º, para efeitos de determinação do valor tributável da operação, quando o valor da contraprestação seja inferior ao que deveria resultar da utilização dos preços correntes ou normais de venda, à porta da fabrica, por grosso, ou a retalho, ou aos preços correntes ou normais ao serviço consoante a natureza das transmissões, pode a administração tributária proceder à sua correcção.

9. Taxas

Em África há actualmente vinte países com IVA. Cinco com uma taxa superior a 18%, onze com uma taxa que varia entre 15% e 18% e quatro com uma taxa inferior a 15%, conforme o quadro que se segue:

País	Normal	Reduzida	Tipo
Argélia	17%	7%	VAT
Benin	18%	-	VAT
Burkina Faso	18%		VAT
Cabo Verde	15%	6%	VAT
Central Africa Republic	19%	5%	VAT
Congo	18%	-	VAT
Congo - Democratic Republic of Congo	13%-15%; 18%-30%	0%-3%; 6%-9%	VAT
Egipto	10% (alguns 30%)	5%	Sales Tax
Gabão (República Gabonesa)	18%	10%	VAT
Guiné	15%	6%	Sales Tax
Madagascar	20%	-	VAT
Malawi	17%	-	VAT
Mali	18%		VAT
Mauritânia	18%	-	VAT
Marrocos	20%	0%-7%; 10%-14%	VAT
Moçambique	17%	0%	VAT
Nigéria	19%		VAT
São Tomé e Príncipe	10%	6%	Sales Tax
Senegal	18%	-	VAT
South Africa	14%	10%	VAT
Tanzânia	18%	-	VAT
Tunísia	18%	0; 6%; 12%	VAT
Togo	18%		VAT
Uganda	18%	-	VAT
Zâmbia	16%	0%	VAT

Fonte: Deloitte, Dezembro de 2011

De acordo com o disposto no artigo 17.º do CIVA, em Moçambique existe uma taxa única de 17%, facto que simplifica consideravelmente a administração deste imposto.

A taxa aplicável é a que vigora no momento em que o imposto se torna exigível.

10. Exercício do direito à dedução

O direito à dedução do imposto consubstancia uma das principais características deste tributo.

Com efeito, o chamado método subtractivo indirecto, das facturas, do crédito de imposto ou sistema dos pagamentos fraccionados, é o mecanismo essencial de funcionamento deste tipo de imposto.

Em conformidade com o princípio fundamental inerente ao sistema do IVA, o imposto aplica-se em cada transacção de produção ou de distribuição, com dedução do IVA que incidiu directamente nas operações efectuadas a montante.

Assim, o Código do IVA determina, como regra geral, a dedutibilidade do imposto devido ou pago pelo sujeito passivo nas aquisições de bens e serviços feitas a outros sujeitos passivos. O legislador nacional vem igualmente determinar algumas situações de exclusão do direito à dedução em função do tipo de despesas em causa.

As regras do exercício do direito à dedução do imposto contemplam uma série de requisitos para o efeito, uns mais ligados ao tipo de despesas, outros ao sujeito passivo em causa, pelo que poderemos distinguir entre requisitos objectivos e subjectivos do exercício do direito à dedução.

Para exercer o direito à dedução é necessários que se verifiquem simultaneamente os dois tipos de requisitos.

Como requisitos objectivos do exercício do direito à dedução do imposto temos os seguintes:
– O imposto suportado deve constar de factura ou documentos equivalentes (artigo 27.º, n.º 5) e bilhetes de despacho de importação, passados na forma legal, na posse do sujeito passivo;
– Deverá tratar-se de IVA moçambicano, não sendo possível deduzir nas declarações apresentadas à Administração Fiscal moçambicana o IVA de países;

– A despesa deve, por si, conferir o direito à dedução do IVA (isto é, não se deve tratar de uma despesa excluída do direito à dedução, nos termos do disposto no artigo 20.º).

Os requisitos subjectivos do exercício do direito à dedução do imposto são os seguintes:

– O sujeito passivo tem que ter direito à dedução do IVA;
– Só conferem direito à dedução, de acordo com o disposto no artigo 19.º do CIVA, os seguintes bens e serviços:

a) Transmissões de bens e prestações de serviços sujeitas a imposto e dele não isentas;
b) ransmissões de bens e prestações de serviços que consistam em:
   i) Exportações e operações isentas nos termos do artigo 13.º;
   ii) Operações efectuadas no estrangeiro que seriam tributáveis se fossem efectuadas no território nacional;
   iii) Prestações de serviços cujo valor esteja incluído na base tributável dos bens importados, nos termos da alínea b) do n.º 1 do artigo 16.º;
   iv) Transmissões de bens e prestações de serviços abrangidos pelas alíneas b), c) e d) do n.º 1 e do n.º 2 do artigo 13.º;
   v) Transmissões de bens abrangidos pela alínea f) do n.º 12, do n.º 10 e nas alíneas d) e f) do n.º 13, todos do artigo 9.º.

Saliente-se que as quantias pagas em nome e por conta do adquirente dos bens ou do destinatário dos serviços e registadas pelo sujeito passivo em contas de terceiros apropriadas, não conferem, nos termos do previsto no n.º 2 do artigo 19.º, direito à dedução.

Isto é, grosso modo, os bens e serviços deverão estar directamente relacionados com o exercício da actividade.[97]

Note-se que, nos termos do disposto no n.º 5 do artigo 18.º, não pode igualmente deduzir-se o imposto que resulte de operações em que o transmitente dos bens ou prestador dos serviços não tenha entregue nos cofres do Estado o imposto liquidado, quando o sujeito passivo tenha ou devesse ter conhecimento de que o transmitente dos bens ou prestador de serviços não dispõe de adequada estrutura empresarial susceptível de exercer a actividade declarada.

10.1. *Imposto dedutível*

De acordo com as regras do n.º 1 do artigo 18.º do CIVA, confere direito à dedução:
- O imposto devido ou pago pelo sujeito passivo nas aquisições de bens e serviços feitas a outros sujeitos passivos;
- O imposto suportado nas importações de bens;
- O imposto pago pelas aquisições de bens ou serviços indicados no n.º 7 do artigo 6.º;
- O imposto pago como destinatário de operações tributáveis efectuadas no território nacional por sujeitos passivos estabelecidos no estrangeiro, quando estes não tenham um representante legal e não tenham facturado o imposto.
- O imposto suportado nas reparações, manutenção, ou outras prestações de serviços, no caso dos revendedores de bens em segunda mão.

---

[97] Note-se que, na UE, o TJUE não exige que a actividade tenha já começado para se poder deduzir o IVA, podendo ser deduzido relativamente a actividades preparatórias. Veja-se, a este propósito, nomeadamente, o já referido Acórdão de 14 de Fevereiro de 1985, Caso Rompelman-Van Deelen c. Minister van Financiën.

10.2. Exclusões do direito à dedução

O legislador estabeleceu uma distinção fundamental entre as despesas que têm carácter estritamente profissional e aquelas que não têm ligação com a actividade profissional do sujeito passivo, excluindo expressamente as despesas sumptuárias, de divertimento e de luxo do direito à dedução do IVA.

Nos termos do estatuído no n.º 1 do artigo 20.º do CIVA, não conferem direito à dedução do imposto suportado as seguintes despesas:

Relativas à aquisição, fabrico ou importação, locação, utilização, transformação e reparação de viaturas de turismo, barcos de recreio, helicópteros, aviões, motos e motociclos;

- Respeitantes a combustíveis normalmente utilizáveis em automóveis, à excepção do gasóleo, cujo imposto é dedutível em 50%, sendo totalmente dedutível caso se trata de: veículos pesados de passageiros, licenciados para o transporte público com excepção dos *rent a car*, máquinas consumidoras de gasóleo, que não sejam veículos matriculados, tractores com emprego exclusivo ou predominante na realização de operações de cultivo da actividade agrícola; transporte e viagens de negócios do sujeito passivo e do seu pessoal, incluindo as portagens;
- De alojamento, alimentação, bebidas e tabaco e despesas de recepção, incluindo as relativas ao acolhimento de pessoas estranhas à empresa e as relativas a imóveis ou parte e seu equipamento, destinados principalmente a tais recepções;[98]

---

[98] Em Portugal, a Lei n.º 55-B/2004, de 30 de Dezembro, que aprovou o Orçamento do Estado para 2005, veio, pela primeira vez, contemplar a possibilidade de exercício à dedução neste tipo de despesas. De acordo com o CIVA português, são dedutíveis na proporção de 50 % as despesas de transportes e viagens de negócios do sujeito passivo do imposto e do

- Com comunicações telefónicas, excepto relativas a telefone fixo em nome do sujeito passivo;
- De divertimento e de luxo.

Contudo, não se verifica a exclusão do direito à dedução no tocante às seguintes despesas (n.º 2 do artigo 20.º):

- Relativas à aquisição, fabrico ou importação, locação, utilização, transformação e reparação de viaturas de turismo, barcos de recreio, helicópteros, aviões, motos e motociclos, quando a sua venda ou exploração constitua objecto de actividade do sujeito passivo. Assim, se o sujeito passivo for taxista ou dono de um stand de automóveis, já pode deduzir o IVA suportado na aquisição das viaturas de turismo;
- Relativas a alojamento e alimentação efectuadas por viajantes comerciais, agindo por conta própria, no quadro da sua actividade profissional.

---

seu pessoal, incluindo as portagens e as despesas respeitantes a alojamento, alimentação, bebidas e tabacos e despesas de recepção, incluindo as relativas ao acolhimento de pessoas estranhas à empresa e as despesas relativas a imóveis ou parte de imóveis e seu equipamento, destinados principalmente a tais recepções com excepção de tabacos, efectuadas para as necessidades directas dos participantes, relativas à organização de congressos, feiras, exposições, seminários, conferências e similares, quando resultem de contratos celebrados directamente com o prestador de serviços ou através de entidades legalmente habilitadas para o efeito e comprovadamente contribuam para a realização de operações tributáveis.

São dedutíveis na proporção de 25 % as despesas de transportes e viagens de negócios do sujeito passivo do imposto e do seu pessoal, incluindo as portagens e as despesas de alojamento, alimentação e bebidas referidas, relativas à participação em congressos, feiras, exposições, seminários, conferências e similares, quando resultem de contratos celebrados directamente com as entidades organizadoras dos eventos e comprovadamente contribuam para a realização de operações tributáveis.

10.3. Momento em que nasce o direito à dedução

O direito à dedução do imposto suportado nasce quando o imposto dedutível se torna exigível (n.º 1 do artigo 21.º).

Para efeitos do exercício do direito à dedução, é irrelevante que os bens adquiridos num certo período de imposto sejam ou não vendidos nesse mesmo período. Com efeito, o sujeito passivo adquire o direito à dedução do imposto suportado a partir do momento em que os fornecedores lhe facturam o preço dos bens ou serviços.

10.4. Limite temporal do exercício do direito à dedução

Sem prejuízo das rectificações previstas no artigo 51.º, a dedução deve ser efectuada na declaração do período em que se tiver verificado a recepção das facturas, documentos equivalentes ou recibo de pagamento do IVA que fizer parte das declarações de importação. A dedução é efectuada no período de imposto correspondente à data da emissão da factura ou documento equivalente na respectiva declaração periódica. Não sendo possível ser efectuada no prazo referido, o sujeito passivo pode exercer o direito à dedução nos noventa dias posteriores ao momento em que se verificou a exigibilidade do imposto (n.ºs 3 e 4 do artigo 21.º).[99]

---

[99] Note-se a este propósito que, de acordo com o entendimento do Tribunal de Justiça da UE, o direito à dedução uma vez adquirido subsiste mesmo que a actividade económica projectada não dê origem a operações tributáveis ou o sujeito passivo, por motivos alheios à sua vontade, não tenha podido utilizar os bens ou serviços que deram origem à dedução no âmbito de operações tributáveis. Veja-se a este propósito, nomeadamente, os Acórdãos de 29 de Fevereiro de 1986, Caso *INZO*, Proc. C-110/94, Colect., p. I-857 e de 15 de Janeiro de 1989, Caso *Ghent Coal Terminal*, Proc. C-37/95,

De acordo com o previsto no artigo 35.° do RECIVA, só pode ser liquidado imposto nos cinco anos civis seguintes àquele em que se verificou a sua exigibilidade, podendo as liquidações oficiosas e as rectificações ser integradas ou modificadas com base no conhecimento ulterior de novos elementos, até ao final deste período.

10.5. *Tipos de sujeitos passivos relativamente ao exercício do direito à dedução*

Relativamente ao exercício do direito à dedução poderemos distinguir as seguintes modalidades de sujeitos passivos:
a) Sujeitos passivos com direito à dedução.

Entre estes distinguimos, por sua vez, aqueles que têm um direito à dedução integral ou total e os denominados sujeitos passivos mistos que, praticando em simultâneo actividades que não conferem direito à dedução e actividades que conferem direito à dedução, têm um direito à dedução parcial;

Colect., p. I-1. Neste sentido, veja-se o Proc. C503 2002012 da Administração Fiscal portuguesa, com despacho concordante do Director Geral dos Impostos de 9.6.2004, disponível no site da DGCI em Informações vinculativas. De acordo com o entendimento veiculado, " *Pelo facto de a sociedade não possuir património, não deverá ser posto em causa o direito à dedução, observados que sejam os requisitos previstos nos artigos 19.° a 25.° do CIVA. Refira-se que já foi anteriormente sancionado o entendimento, conforme despacho de 1987.09.16, do Subdirector-Geral do IVA, que 'Na economia do IVA, o início de actividade coincide com a primeira operação que possa influenciar o activo ou passivo da empresa, ou com a primeira afectação de bens a fins empresariais', pelo que o mesmo argumento deve valer na situação inversa. Qualquer outra interpretação afectaria a característica de neutralidade inerente à mecânica do IVA, na medida em que o sujeito passivo seria onerado com o imposto suportado a montante sem lhe ser dada a possibilidade de dedução daquele imposto*".

b) Sujeitos passivos sem direito à dedução (que beneficiam exclusivamente de isenções incompletas).

10.6. *Métodos de exercício do direito à dedução*

10.6.1. *Regras gerais*

Para exercer o seu direito à dedução do imposto suportado o sujeito passivo de IVA pode, conforme as circunstâncias em que se encontre, recorrer a um dos três métodos que se seguem:
a) Método subtractivo indirecto;
b) Método do reporte;
c) Método do reembolso.
De acordo com o método subtractivo indirecto, ao valor do imposto liquidado durante um período deduz-se o valor do imposto suportado no mesmo período (n.º 2 do artigo 21.º).
Caso o imposto a deduzir seja superior ao imposto liquidado, o sujeito passivo deverá recorrer ao método do reporte, de acordo com o qual o imposto em excesso será reportado para o período de tributação seguinte (n.º 4 do artigo 21.º).
Todavia, nestas situações o sujeito passivo poderá optar por solicitar o reembolso total ou parcial do imposto (n.ºs 6 e 7 do artigo 21.º), se passados 12 meses relativamente ao período em que se iniciou o excesso persistir crédito a favor do sujeito passivo superior a 50 000,00 MT.
Independentemente do prazo referido, o sujeito passivo pode solicitar o reembolso nas seguintes situações: a) quando se verifique cessação de actividade; b) caso o sujeito passivo passe a enquadrar-se no n.º 3 do artigo 25.º, i.e., passe a praticar exclusivamente operações isentas de imposto; c) caso o sujeito passivo passe a enquadrar-se nos regimes dos artigos 35.º ou 42.º, i.e., no regime de isenção ou no regime de tributação simplificada;

e, d) o valor do crédito de imposto exceda o limite a fixar por legislação a regulamentar.

Em qualquer pedido de reembolso, os serviços competentes da Autoridade Tributária podem exigir caução, fiança bancária ou outra garantia adequada, desde que o valor do crédito exceda 50 000,00 MT, que deve ser mantida até à comprovação da situação pelos referidos serviços, mas nunca por prazo superior a um ano.

Os reembolsos devem ser efectuados no prazo de 30 dias a contar da data da apresentação do pedido, acrescendo à quantia a reembolsar, e por cada mês ou fracção de atraso imputável aos serviços fiscais, juros liquidados nos termos da Lei n.º 2/2006, de 22 de Março. Para o efeito, o sujeito passivo deverá solicitar o pagamento dos juros.

O Regulamento do da Cobrança, do Pagamento e do Reembolso do IVA vem disciplinar mais em pormenor os procedimentos inerentes aos reembolsos.

10.6.2. *Exercício do direito à dedução do imposto pelos sujeitos passivos mistos*

Os sujeitos passivos mistos podem optar pelos seguintes métodos para efeitos do exercício do direito à dedução do imposto suportado:
a) Método do *pro rata* ou da percentagem de dedução;
b) Método da afectação real.

10.6.2.1. Método do pro rata

O método do *pro rata* é o que, regra geral, se aplica às empresas mistas com actividades económicas distintas.

Nos termos do disposto no n.º 1 do artigo 22.º do CIVA, quando o sujeito passivo, no exercício da sua actividade, efectue transmissões de bens e prestações de serviços, parte das quais não confira direito à dedução, o imposto suportado nas aquisições é dedutível apenas em percentagem correspondente ao montante anual de operações que dêem lugar à dedução.

De acordo com as regras consignadas no CIVA, o sujeito passivo calcula a sua percentagem do direito à dedução do imposto através de uma fracção que comporta, no numerador, o montante anual, imposto excluído, das transmissões de bens e prestações de serviços que dão lugar à dedução nos termos do artigo 18.º e no n.º 1 do artigo 19 e no denominador, o montante anual, imposto excluído, de todas as operações efectuadas pelo sujeito passivo, incluindo as fora do campo de aplicação do imposto.

O imposto é dedutível apenas na percentagem correspondente ao montante anual de operações que dêem lugar a dedução.

Para que haja lugar à aplicação do *pro rata* é necessário que os bens ou serviços relativamente aos quais se determina o montante do imposto dedutível sejam igualmente de utilização mista, ou seja, é necessário que tais bens e serviços sejam utilizados pelo sujeito passivo quer em operações que permitem a dedução do imposto suportado, quer em operações que não possibilitam essa dedução (*inputs* "promíscuos", na terminologia da doutrina fiscal italiana). Estas regras aplicam-se exclusivamente às situações em que os sujeitos passivos mistos pretendem exercer o direito à dedução do imposto suportado na aquisição de bens e serviços de utilização mista. São bens e serviços de utilização mista os que são utilizados conjuntamente no exercício de uma actividade económica que confere direito a dedução, com actividades económicas que não conferem esse direito ou, ainda, conjuntamente com operações fora do conceito de actividade económica.[100]

Tratando-se de bens ou serviços exclusivamente afectos a operações que confiram direito à dedução do imposto, apresentando uma relação directa e imediata com essas operações, o imposto é dedutível integralmente. Por outro lado, caso os bens ou serviços se encontrem exclusivamente afectos a operações sujeitas a imposto mas isentas sem direito à dedução ou a operações que, embora abrangidas pelo conceito de actividade económica estejam fora das regras de incidência do imposto ou de operações não decorrentes do exercício de uma actividade económica, o IVA suportado não pode ser objecto de dedução.

Deve entender-se que para efeitos do cálculo do *pro rata* o montante anual a inscrever quer no numerador quer no denominador da fracção, não inclui as operações não decorrentes do exercício de uma actividade económica. Da mesma forma, também não devem ser consideradas no numerador da fracção todas aquelas operações que, embora decorrentes do exercício de uma actividade económica, não conferem direito à dedução do imposto, assumindo particular relevo as operações realizadas pelas pessoas colectivas de direito público no âmbito dos seus poderes de autoridade.

Note-se que no cálculo do *pro rata* não são incluídas as transmissões de bens do activo imobilizado que tenham sido utilizadas na actividade da empresa, nem as operações imobiliárias

---

[100] Confere direito à dedução integral o imposto suportado nas aquisições de bens ou serviços exclusivamente afectos a operações que, integrando o conceito de actividade económica para efeitos do imposto, sejam tributadas, isentas com direito a dedução ou, ainda, não tributadas que conferem esse direito. Caso o imposto seja suportado na aquisição de bens ou de serviços exclusivamente afectos a operações sujeitas a imposto, mas sem direito a dedução ou a operações que em sede de IVA não se insiram no exercício de actividades económicas, não é admissível o exercício do direito à dedução.

ou financeiras que tenham um carácter acessório em relação à actividade exercida pelo sujeito passivo (n.º 5 do artigo 22.º). Para determinação da percentagem de dedução, o quociente da fracção será arredondado para a centésima imediatamente superior (n.º 8 do artigo 22.º).

A aplicação do método do *pro rata* suscita algumas questões fundamentais, tais como a de saber o que são actividades económicas (as não económicas não integram o *pro rata*) e o que são actividades acessórias (por exemplo, as actividades acessórias às operações financeiras ainda que decorrentes do exercício de uma actividade económica não integram o *pro rata*).

A título de exemplo do cálculo desta fracção, imaginemos que a empresa A efectuou, durante um determinado exercício, operações nos seguintes montantes (IVA excluído):

Transmissões de bens e prestações de serviços tributados	25 000
Exportações	12 000
Total	**7 000**
Operações isentas	9 000
Outras transmissões de bens	14 000
Total	**60 000**

O *pro rata* da empresa será = $\dfrac{37\ 000}{37\ 000+9000}$ = 0,804 = 80%

Saliente-se que a percentagem de dedução utilizada no ano Y em curso (*pro rata* provisório do ano Y) será a calculada relativamente ao ano X anterior (*pro rata* definitivo do ano X), sendo regularizada na declaração do último período do ano em causa, após obtenção do *pro rata* definitivo do ano Y.

Regra geral, as deduções efectuadas pelos sujeitos passivos têm uma natureza definitiva. Todavia, em determinadas circunstâncias poderão ser alteradas. As regularizações consistem, precisamente, nas alterações efectuadas às deduções iniciais. Em matéria de regularizações das deduções, o Código prevê correcções ao *pro rata*. Tal como se prevê no n.º 6 do artigo 22.º, a percentagem de dedução, calculada provisoriamente com base no montante de operações efectuadas no ano anterior, será corrigida de acordo com os valores referentes ao ano a que se reporta, originando a correspondente regularização das deduções efectuadas, a qual deverá constar da declaração do último período do ano a que respeita.

Assim, vamos supor que a sociedade A, ao longo do exercício de 2011, utilizou o *pro rata* provisório de 85% (*pro rata* definitivo de 2010). Chegado o fim do ano, o seu *pro rata* definitivo de 2011 foi de 86%, ou seja, deduziu menos do que podia, pelo que na última declaração de 2011 (entregue em 2012) irá proceder à correspondente regularização, a seu favor, de 1% sobre o montante total do IVA dedutível.

No caso de início de actividade ou de alteração substancial da mesma, poder-se-á deduzir o IVA com base numa percentagem provisória estimada (n.º 7 do artigo 22.º).

10.6.2.2 Método da afectação real

Caso comunique previamente à Administração Tributária, o sujeito passivo pode utilizar o método da afectação real (n.º 2 do artigo 22.º), que consiste na separação, através da contabilidade da empresa, das aquisições de bens e serviços que são afectas ao sector tributável das que são afectas ao sector isento com base em critérios objectivos que permitam determinar o grau da respectiva utilização nessas e nas demais operações, devendo ser obrigatoriamente utilizada a afectação real em função da efectiva utilização (área ocupada, número de elementos do pessoal afecto, massa salarial, horas-máquina, horas--homem).

Este método é o que mais se coaduna com as situações de facto, pelo que, teoricamente, seria desejável que todas as empresas fizessem esta opção.

Caso opte por este método (porque, v.g., não tem despesas comuns afectas às actividades tributadas e não tributadas), o sujeito passivo separa, através da contabilidade da empresa, as aquisições de bens e serviços que são afectas ao sector tributável das que são afectas ao sector isento.

A Administração Tributária pode obrigar o sujeito passivo a adoptar a afectação real quando exerça actividades económicas distintas ou quando a aplicação do *pro rata* conduza a distorções significativas na tributação.

Caso o sujeito passivo que opte pela aplicação do método da afectação real tenha várias despesas comuns afectas a diversas actividades, o imposto suportado relativamente a estas despesas deve ser deduzido de acordo com a aplicação de uma percentagem calculada em função do respectivo destino.[101]

11. Obrigações dos sujeitos passivos

Basicamente, em sede deste tributo os sujeitos passivos têm cinco tipos de obrigações, a saber:
- De pagamento (artigos 23.º do CIVA e 6.º a 14.º do RECIVA)
- Declarativas (artigos 25.º, 32.º e 33.º do CIVA e 15.º, 19.º, e 20.º do RECIVA)
- De facturação (artigos 27.º a 31.º do CIVA e 21.º e 22.º do RECIVA)
- Contabilísticas (artigos 23.º a 28.º do RECIVA)
- De conservação de documentos (artigo 54.º do RECIVA)

---

[101] Ou seja, é possível a coexistência da aplicação do método da afectação real com o método do *pro rata*.

11.1. Obrigações de pagamento

De acordo com o regime geral, o pagamento tem que ser efectuado dentro do prazo de entrega da declaração periódica, i.e., até ao último dia do mês seguinte àquele a que respeitem as operações nela abrangidas, na Recebedoria de Fazenda competente ou em instituições de crédito autorizadas (artigo 23.º, n.º 1).

Para o efeito, considera-se Recebedoria de Fazenda competente a da Direcção de Área Fiscal onde o sujeito passivo tem a sede, estabelecimento principal ou, na sua falta, domicílio.[102]

O pagamento pode ser feito em moeda com curso legal, cheques, vales de correio e transferência bancária.

Note-se que, nos termos do disposto no n.º 2 do artigo 34.º da Lei n.º 15/2002, de 26 de Junho, e no n.º 2 do artigo 148.º da Lei n.º 2/2006, de 22 de Março, o pagamento em prestações não se aplica às quantias legalmente repercutida a terceiros, pelo que o IVA não pode ser pago em prestações.

---

[102] Domicílio fiscal para as pessoas singulares é a residência habitual em território moçambicano. Para as pessoas colectivas, é a sede estatutária em território moçambicano ou a direcção efectiva em que estiver centralizada a contabilidade, se esta for diferente da sede. Para os estabelecimentos estáveis de não residentes situados em território moçambicano, é o local da centralização da gestão administrativa e direcção de negócios.

No caso das pessoas singulares que possuam várias residências e não seja possível identificar uma como residência habitual, considera-se domiciliada no lugar da residência onde tenha a sua permanência habitual ou naquele em que tiver o seu centro de interesses vitais.

Para os sujeitos passivos considerados grandes contribuintes pela Administração Tributária ou em outros casos específicos, poderá ser estabelecido um domicílio fiscal diferente do previsto para as pessoas colectivas.

Os não residentes que aufiram rendimentos sujeitos a tributação em território nacional e não possuam estabelecimento estável, são considerados domiciliados na residência do seu representante.

11.2. Obrigações declarativas

a) Declarações de início, alteração e cessação de actividade

Regra geral, a declaração de início de actividade deverá ser apresentada na DAF competente, correspondendo a um impresso de modelo oficial (M/01) que deve ser preenchido pelo sujeito passivo, com o objectivo de dar a conhecer à Administração Tributária a sua actividade, devendo ser apresentada antes do início de actividade, isto é, antes de serem praticadas quaisquer operações abrangidas pelas regras de incidência do IVA.

Todas as pessoas singulares e colectivas com rendimentos sujeitos a qualquer imposto, ainda que dele isentos, são obrigadas a inscrever-se na Direcção da Área Fiscal competente apresentando em duplicado o Modelo M/05 ou Modelo M/06, consoante se trate respectivamente de pessoa singular ou colectiva.

A declaração de alterações deverá ser apresentada sempre que se verifique alteração de qualquer dos elementos constantes da declaração de inscrição relativa ao início, excluindo-se os relativos ao volume de negócios.

Por sua vez, a declaração de cessação de actividade deverá ser apresentada junto da entidade competente no prazo de trinta dias a contar da data da cessação (n.º 2 do artigo 32.º do CIVA). O artigo 20.º do RECIVA vem-nos dizer que se considera que há cessação de actividade quando:

– Deixem de se praticar actos relacionados com actividades determinantes da tributação durante um período de dois anos consecutivos, presumindo-se que os bens existentes a essa data no activo da empresa foram transmitidos nos termos do disposto na alínea e) do n.º 3 do artigo 3.º;[103]

---

[103] Isto é, presume-se que houve auto consumo externo, com os efeitos daí subjacentes.

- Se esgote o activo da empresa, pela venda dos bens que o constituem ou pela sua afectação a uso próprio do titular, do pessoal, ou, em geral, a fins alheios à mesma, assim como pela sua transmissão gratuita;
- Seja partilhada a herança indivisa de que façam parte o estabelecimento ou os bens afectos ao exercício de actividade;
- Ocorra a transferência, a qualquer título, da propriedade do estabelecimento.

A Administração Tributária pode ainda declarar oficiosamente a cessação de actividade quando for manifesto que a mesma não se encontra a ser exercida nem existe intenção de a continuar a exercer.

b) Declarações periódicas

Os principais modelos declarativos existentes são os seguintes:

Modelo A – para sujeitos passivos enquadrados no regime normal;

Modelo B – caso se trata de substituir uma declaração Modelo A anteriormente apresentada juntamente com o meio de pagamento de valor correspondente ao imposto devido;

Modelo C – para sujeitos passivos enquadrados no regime de tributação simplificada;

Modelo E – nos casos em que o imposto é liquidado pelos serviços tributários e nas situações de sujeitos passivos que pratiquem uma só operação tributável, ou quando o imposto é indevidamente mencionado na factura.

No regime geral temos dois modelos de declarações periódicas, a Modelo A, sempre que seja a primeira declaração ou Modelo B, caso seja de substituição (artigos 2.º do CIVA e 15.º do RECIVA).

A declaração periódica deve ser entregue mensalmente junto da entidade competente até ao último dia do mês seguinte àquele a que respeitem as operações.

No caso de sujeitos passivos que pratiquem apenas uma operação tributável, a declaração deverá ser entregue até ao último dia do mês seguinte ao da conclusão da operação.

11.3. *Obrigações de facturação*

A obrigação de facturação é um elemento essencial no sistema do IVA, dado que, para além de fornecer uma série de informações à Administração Tributária possibilitando-lhe exercer um controlo mais eficaz, permite ao sujeito passivo exercer o seu direito à dedução.

A regra geral consubstancia-se na obrigação de passar factura ou documento equivalente por cada transmissão de bens ou prestação de serviços e pelos pagamentos antecipados, até ao quinto dia útil seguinte ao do momento em que o imposto é devido. Contudo, o Ministro das Finanças pode autorizar prazos mais alargados (art. 21.º, n.º 6, RECIVA).

Deverá ainda ser emitida factura ou documento equivalente sempre que o valor tributável da operação ou o imposto correspondente sejam alterados por qualquer motivo.

De acordo com o disposto no artigo 27.º, n.º 5, do CIVA, as facturas ou documentos equivalentes deverão ser datados, numerados sequencialmente e conter os seguintes elementos:
- Nomes, firmas ou denominações sociais e sede ou domicílio das partes e respectivos números de identificação fiscal.
- Quantidade e denominação usual dos bens e serviços. As embalagens não transaccionadas são indicadas separadamente, mencionando-se que foi acordada a sua devolução.
- O preço, líquido de imposto e outros elementos incluídos no valor tributável.
- As taxas aplicáveis e o montante do imposto devido.

- O motivo justificativo da não aplicação do imposto, se for o caso.

Note-se que, nos termos do estatuído no artigo 28.º do CIVA, existe uma obrigação legal de repercussão do IVA, devendo a importância do imposto liquidado deve ser adicionada ao valor da factura ou documento equivalente para efeitos da sua exigência aos adquirentes das mercadorias ou aos utilizadores dos serviços.

Nas facturas emitidas por retalhistas e prestadores de serviços, pode indicar-se apenas o preço com inclusão do IVA e a taxa aplicável (artigo 30.º do CIVA).

Há dispensa da obrigatoriedade de emissão de facturas, caso o adquirente seja um particular que não destine os bens ou serviços adquiridos ao exercício de uma actividade comercial ou industrial e a transacção seja efectuada a dinheiro, nas seguintes operações (artigo 31.º do CIVA):

- Transmissões de bens efectuadas por retalhistas ou vendedores ambulantes.
- Transmissões de bens efectuadas por aparelhos de distribuição automática.
- Prestação de serviços em que seja habitual a emissão de talão, bilhete de ingresso ou de transporte, senha ou outro documento impresso e ao portador.
- Outras prestações de serviços de valor inferior a 100,00 MT.

O Conselho de Ministros pode determinar outras situações de dispensa de facturação sempre que a exigência da obrigação da facturação e obrigações conexas se revele particularmente onerosa, podendo, nos casos em que a dispensa favoreça a evasão fiscal, restringir a dispensa de facturação aí prevista, alterar os valores mínimos de facturação ou exigir a emissão de documento adequado à comprovação da operação efectuada.

O Ministro que superintende as Finanças pode ainda declarar a dispensa de facturação a outras categorias de contribuintes que forneçam ao público serviços caracterizados pela sua uniformidade, frequência e valor limitado, sempre que a exigência de facturação e obrigações conexas se revele particularmente onerosa.

Quando há dispensa de emissão de factura, há obrigatoriedade de emissão de um talão de venda (artigo 31.º, n.º 2, do CIVA).

Os retalhistas e prestadores de serviços abrangidos pela dispensa de facturação estão sempre obrigados a emitir factura quando transmitam bens ou serviços a sujeitos passivos do imposto.

Na entrega de mercadorias à consignação, a emissão de facturas ou documentos equivalentes deve ser efectuada no prazo de cinco dias úteis a contar do momento do envio das mercadorias à consignação – factura provisória, e do momento em que, relativamente a tais mercadorias, o imposto seja devido e exigível , no momento em que as mercadorias tenham sido postas à disposição do adquirente (prazo máximo 180 dias) – factura definitiva.

É possível recorrer ao processamento de facturas globais.

11.4. *Obrigações contabilísticas*

A contabilidade deve ser organizada de forma a possibilitar o conhecimento claro e inequívoco dos elementos necessários ao cálculo do imposto, bem como a permitir o seu controle, comportando todos os dados necessários ao preenchimento da declaração periódica do imposto.

Os sujeitos passivos não enquadrados nos regimes especiais previstos no RECIVA ou que não possuam contabilidade organizada para efeitos de IRPS ou de IRPC, deverão possuir os livros de registo previstos no n.º 1 do artigo 75.º do Código do IRPC.

Em sede de obrigações contabilísticas, o Código do IVA determina, basicamente, na alínea d) do n.º 1 do artigo 25.º, que os sujeitos passivos são obrigados a dispor de contabilidade adequada ao apuramento e fiscalização do imposto.

A obrigatoriedade do sujeito passivo possuir contabilidade adequada ao apuramento e à fiscalização do IVA, não significa que este tenha de adoptar um novo sistema de contabilidade, mas sim que a sua contabilidade – organizada conforme determina o Sistema de Contabilidade para o Sector Empresarial em Moçambique (SCE) aprovado pelo Decreto n.º 70/2009, de 22 de Dezembro, ou simplesmente com livros de registo, esteja preparada de forma apropriada ao tratamento do IVA, de forma a satisfazer os requisitos acima enumerados.

Regra geral, a obrigatoriedade de possuir contabilidade organizada surge quando o sujeito passivo obtém anualmente um volume de negócios superior a 2.500.000 MT, e, consequentemente, se enquadra no regime normal de tributação, dado até esse limite os sujeitos passivos poderem encontrar-se enquadrados em regimes especiais de tributação.

É no RECIVA que as obrigações de registo são mais pormenorizadas.

Nestes termos, o n.º 1 do artigo 23.º do RECIVA determina que o registo dos elementos contabilísticos deve possibilitar o conhecimento claro e inequívoco dos elementos necessários ao cálculo do imposto, bem como a permitir o seu controle, comportando todos os dados necessários ao preenchimento da declaração periódica do imposto. Para cumprimento de tal obrigação, devem, nomeadamente, ser objecto de registo:

a) As transmissões de bens e prestações de serviços efectuadas pelo sujeito passivo;

b) As importações de bens efectuadas pelo sujeito passivo e destinadas às necessidades da sua empresa;

c) As transmissões de bens e prestações de serviços efectuadas ao sujeito passivo no quadro da sua actividade empresarial.

De notar que os sujeitos passivos não enquadrados nos regimes especiais previstos no CIVA, a saber regime de isenção previsto no artigo 35.º e regime de tributação simplificada previsto no artigo 42.º, ou que não possuam contabilidade organizada para efeitos de IRPS ou de IRPC, deverão possuir os livros de registo previstos no n.º 1 do artigo 76.º do Código do IRPC, i.e.:
- De compras de mercadorias e ou livro de registo de matérias-primas e de consumo;
- De vendas de mercadorias e ou livro de registo de produtos fabricados;
- De serviços prestados;
- De despesas e de operações ligadas a bens de investimento;
- De mercadorias, matérias-primas e de consumo, de produtos fabricados e outras existências à data de 31 de Dezembro de cada ano.

11.5. *Obrigação de conservação de documentos*

Os sujeitos passivos são obrigados a arquivar e conservar em boa ordem durante os 10 anos civis subsequentes, todos os livros, registos e respectivos documentos de suporte, incluindo quando a contabilidade é estabelecida por meios informáticos, os relativos à análise, programação e execução dos tratamentos (artigo 54.º do RECIVA).

12. Regularizações do imposto

Apesar de as deduções efectuadas pelos sujeitos passivos terem, em princípio, um carácter definitivo, deverão ou poderão ser alteradas em determinadas situações referidas no artigo 51.º do

CIVA. São as chamadas situações de rectificação do IVA previstas, essencialmente, nos seguintes casos:
- Redução do valor tributável do IVA, depois de já terem sido apresentadas as declarações periódicas;
- Registo de facturas por montante inexacto;
- Correcção de erros materiais praticados nos registos e nas declarações.

Neste contexto, deverá ter-se em consideração o seguinte:
a) Sempre que o valor tributável de uma operação ou o respectivo imposto sofram uma rectificação, deve observar-se o disposto nos artigos 27.º e seguintes;
b) Se depois de registada a operação for anulada ou for reduzido o seu valor tributável, em consequência de invalidade, resolução, rescisão ou redução do contrato, pela devolução de mercadorias ou pela concessão de abatimentos ou descontos, o fornecedor do bem ou o prestador do serviço poderá deduzir o IVA até ao final do período de imposto seguinte àquele em que se verificarem as circunstâncias que determinaram a anulação da liquidação ou a redução do seu valor tributável;
c) Na situação de resultar imposto liquidado a menos, a rectificação é obrigatória no caso de facturas inexactas já registadas, podendo ser efectuada sem penalização até ao final do período de imposto seguinte àquele a que a factura respeita;
d) Se houver imposto liquidado a mais, a rectificação é facultativa no caso de facturas inexactas já registadas, podendo ser efectuada no prazo de um ano;
e) O adquirente do bem ou destinatário do serviço que seja um sujeito passivo, caso já tenha registado uma operação relativamente à qual o fornecedor ou prestador do serviço procedeu a anulação, redução do valor tributável ou rectificação para menos, deve corrigir, até ao fim do período

de imposto seguinte ao da recepção do documento rectificativo, a dedução efectuada;

f) Caso o valor tributável de uma operação ou o respectivo imposto sofram uma redução para menos, a regularização a favor do sujeito passivo só pode ser efectuada quando tenha prova de que o adquirente tomou conhecimento da rectificação ou de que foi reembolsado do imposto, sem o que se considerará indevida a dedução efectuada;

g) A correcção de erros materiais ou de cálculo no registo de contabilidade ou de escrituração dos livros e nas declarações, é obrigatória quando houver imposto entregue a menos e poderá ser efectuada sem qualquer penalidade até ao final do período seguinte e facultativa se houver imposto entregue a mais, mas apenas pode ser efectuada no prazo de um ano, que, no caso do exercício do direito a dedução, é contado a partir do nascimento do respectivo direito;

h) Se o sujeito passivo não proceder à respectiva regularização pela forma e nos prazos estabelecidos, os serviços tributário procederão à liquidação adicional do imposto devido notificando em conformidade o sujeito passivo e consideram como não efectuadas quaisquer rectificações posteriores, sendo a diferença entre a importância constante do meio de pagamento e a do imposto apurado pelos serviços tributários;

i) Os sujeitos passivos poderão deduzir ainda o imposto facturado em créditos considerados incobráveis em resultado de processos de execução, falência ou insolvência, sem prejuízo da obrigação de entrega do imposto correspondente aos créditos recuperados, total ou parcialmente, no período de imposto em que se verificar o seu recebimento, sem observância do período de caducidade.

Note-se por último que, sempre que o valor tributável for reduzido, o respectivo montante deve ser repartido entre contraprestação e imposto, aquando da emissão do documento, caso se pretenda igualmente proceder à rectificação do imposto.

13. Breve alusão aos regimes específicos

Tal como referimos, o RECIVA prevê dois regimes específicos de tributação pela margem, o Regime das agências de viagens e operadores de circuitos turísticos e o Regime dos bens em segunda mão.

O Regime das agências de viagens e operadores de circuitos turísticos, previsto no artigos 38.º a 46.º do RECIVA, caracteriza-se por se configurar como um regime de tributação pela margem bruta, i.e., o IVA incide sobre a diferença entre o total da contraprestação devida pelo cliente, excluído o IVA e o custo efectivo, IVA incluído, suportado nas transmissões de bens e prestações de serviços efectuadas por terceiros para benefício directo do cliente.

Os beneficiários deste regime não têm direito à dedução do IVA relativo às transmissões de bens e prestações de serviços efectuadas por terceiros para benefício directo do cliente. O imposto suportado ou devido pela agência em relação a bens e serviços que não os fornecidos por terceiros para benefício directo do cliente, adquiridos ou importados no exercício da sua actividade comercial, é dedutível.

Nas facturas emitidas relativas a operações abrangidas por este regime específico, os sujeitos passivos não deverão discriminar o valor do IVA, devendo apor a menção "IVA incluído".

As facturas emitidas por agências de viagens abrangidas por este regime nunca conferem ao adquirente/cliente direito à dedução do IVA suportado.

Por sua vez, o Regime dos bens em segunda mão, previsto nos artigos 47.º a 49.º do RECIVA, abrange o Regime aplicável aos revendedores de bens em segunda mão e o Regime aplicável aos organizadores de vendas em sistema de leilão.

O n.º 6 do artigo 3.º do CIVA é que contém os conceitos fundamentais para aplicação destes regimes que vêm regulamentados no RECIVA.

Nestes termos, por revendedor entende-se o sujeito passivo que, no âmbito da sua actividade, compra para revenda bens em segunda mão.

O organizador de vendas em leilão é o sujeito passivo que, no âmbito da sua actividade, proponha a venda, em seu nome, mas por conta de um comitente, nos termos de um contrato de comissão de venda, com vista à sua venda em leilão. Por comitente de um organizador de vendas de leilão, entende-se a pessoa que entrega um bem a um organizador de venda de bens em leilão nos termos de um contrato de comissão de venda, com vista à sua venda em leilão.

Por bens em segunda mão, entende-se os bens móveis usados, susceptíveis de reutilização no estado em que se encontram ou após reparação, mas não renovados nem transformados e, sempre com exclusão das pedras preciosas e metais preciosos, não se entendendo como tais as moedas ou artefactos daqueles materiais. Os bens renovados são aqueles em que o valor dos materiais utilizados na respectiva reparação seja superior ao valor da aquisição do bem, acrescido do valor da mão-de-obra utilizada e os bens transformados os que foram objecto de uma reparação que conduza à modificação de alguma das suas características essenciais. Antiguidades compreendem os bens, com exclusão dos objectos de arte e dos objectos de colecção, com mais de cem anos de idade.

Objectos de arte são os bens da autoria dos próprios artistas, como quadros, pinturas e desenhos originais, com a exclusão dos desenhos industriais, gravuras, estampas e litografias de tiragem limitada a 200 exemplares, bem como outros objectos de arte no domínio da escultura e estatuária, com a exclusão de ourivesaria e joalharia e exemplares únicos de cerâmica executados e assinados pelo artista.

Por sua vez entende-se por objectos de colecção os selos de correio, os selos fiscais, os carimbos postais, envelopes de primeiro dia, os blocos postais e análogos, obliterados ou não, mas que não estejam em circulação nem se destinem a ser postos em circulação, as colecções e espécimes para colecções de zoologia botânica, mineralogia ou anatomia ou que tenham interesse histórico, arqueológico, paleontológico-etnográfico ou numismático.

O Regime aplicável aos revendedores de bens em segunda mão, caracteriza-se por ser um regime de tributação pela margem, devendo ser liquidado IVA sobre a diferença entre o total da contraprestação devida pelo cliente, IVA excluído e o preço de compra dos bens.

A margem é determinada de forma individual para cada bem, não podendo o excesso do preço de compra sobre o preço de venda afectar o valor tributável de outras transmissões. A Administração Tributária pode proceder à determinação da margem quando o preço de compra não esteja devidamente justificado e/ou existam indícios fundamentados para supor que ele não traduz o valor real praticado.

Note-se que apenas há lugar ao direito à dedução relativamente ao imposto suportado nas reparações, manutenções ou outras prestações de serviços respeitantes aos bens sujeitos a este regime especial.

O imposto liquidado pelo vendedor nas transmissões de bens sujeitos ao regime específico de tributação da margem não é discriminado na factura ou documento equivalente, devendo, contudo, ser aposta a menção "IVA – Bens em segunda mão".

As facturas emitidas por revendedores abrangidos por este regime nunca conferem ao adquirente/cliente o direito à dedução do IVA suportado.

Por sua vez, igualmente o Regime aplicável aos organizadores de vendas em sistema de leilão se caracteriza por ser um regime de tributação pela margem, incidindo o imposto sobre o montante facturado ao comprador depois de deduzidos o montante líquido pago ou a pagar pelo organizador de vendas em leilão ao seu comitente e o montante do imposto devido pelo organizador de vendas em leilão relativo à transmissão de bens.

Nas facturas ou documentos equivalentes emitidos pelos organizadores de vendas em leilão, apesar do IVA ser calculado e incorporado no montante global, não deve ser discriminado, devendo ser feita a menção "IVA - Regime específico de vendas em leilão".

As facturas emitidas por organizadores de vendas em leilão abrangidos por este regime nunca conferem ao adquirente//cliente o direito à dedução do IVA suportado.

III
O IVA NAS OPERAÇÕES INTERNACIONAIS

1. As importações de bens

A tributação das importações de bens justifica-se tendo em consideração a adopção do princípio de tributação no destino, que implica a prática dos chamados ajustamentos fiscais nas fronteiras. Ou seja, ocorrendo a tributação no destino, há que assegurar que os bens saiam do país de origem desonerados da carga fiscal neles incorporada (através da concessão do direito à dedução do IVA) e que no país de destino o importador pague um montante de imposto equivalente àquele que incide, nesse mesmo país, sobre bens similares aos importados, na mesma fase de produção ou comercialização.[104] Assim, todas as importações estão regra geral sujeitas a IVA, independentemente da qualidade da pessoa que as efectua e do fim a que o bem se destina.

1.1. *Definição*

É definida como importação, nos termos do n.º 1 do artigo 5.º do Código do IVA, a entrada de bens no território nacional.

No caso de bens colocados numa das situações prevista no n.º 1 do artigo 14.º do CIVA, a respectiva entrada efectiva

---

[104] Garante-se, desta foram, o respeito da neutralidade do imposto, i.e., a igualdade de tratamento fiscal entre bens importados e bens da mesma natureza transaccionados no interior do país.

no território nacional para efeitos da sua qualificação como importação só se considera verificada se e quando forem introduzidos no consumo.

Ou seja, o imposto não incide nas mercadorias que, tendo entrado em território nacional, são colocadas num regime aduaneiro e fiscal previsto na referida disposição legal, considerando-se que existe importação quando ocorre a sua introdução no consumo.

Grosso modo, só devem IVA as importações (ou admissões) para consumo. As mercadorias enquanto não forem declaradas para consumo não são tributáveis.

1.1.2. *Requisitos de tributação das importações*

Desde logo, para que a importação seja uma operação tributável não é necessário que seja efectuada por um sujeito passivo de IVA, contrariamente ao que se verifica relativamente às transmissões de bens e prestações de serviços. Seja qual for a qualidade do importador, as importações estão sempre sujeitas a IVA. Assim, as importações efectuadas pelos particulares são operações tributáveis em sede de IVA.

Por outro lado, não é necessário que o importador realize importações com carácter de habitualidade. É igualmente irrelevante o fim a que o bem importado se destina, seja para consumo final, seja para utilização no exercício das actividades económicas.

1.1.3. *Facto gerador e exigibilidade*

Nas importações, o facto gerador do imposto não é coincidente com o momento em que os bens são postos à disposição do adquirente. Com efeito, de acordo com o disposto no artigo 7.º, n.º 1, alínea c), nas importações o imposto é devido e torna-se exigível no momento em que for numerado o Documento único ou outro para o mesmo fim, ou se realize a arrematação ou venda.

Caso os bens sejam colocados sob um dos regimes previstos no artigo 14.º, n.º 1, o facto gerador e a exigibilidade só se verificam no momento em que deixem de estar sujeitos a esses regimes ou procedimentos (artigo 7.º, n.º 8).

1.1.4. *Isenções*

1.1.4.1. Código do Imposto sobre o Valor Acrescentado

Tal como se nota, em geral, as isenções em IVA nas importações visam assegurar quatro objectivos, a saber: assegurar um tratamento fiscal semelhante das importações e das operações internas, possibilitar uma aproximação entre as isenções a nível fiscal e aduaneiro, reconhecer os benefícios fiscais previstos em acordos e convénios internacionais sobre relações diplomáticas e consulares e de organizações internacionais e prever isenções técnicas de forma a evitar situações de dupla tributação.[105]

O artigo 12.º contempla, desta forma, um conjunto de isenções na importação de bens:

a) Importações definitivas de bens cuja transmissão no território nacional beneficie de isenção objectiva, designadamente os referidos nos n.º 1, alíneas b), c), e) e f), n.º 9 alínea b), n.ºs 10, 11 e 13, n.º 12 alíneas f), g) e h) e i) e n.º 13, alíneas a), b) e e), todos do artigo 9.º.

---

[105] Cfr., Patrícia Noiret Cunha, *Imposto sobre o Valor Acrescentado, Anotações ao Código do Imposto sobre o Valor Acrescentado e ao Regime do IVA nas Transacções Intracomunitárias*, Instituto Superior de Gestão, 2004, p. 224.

Estão nesta situação, por exemplo, os órgãos, sangue e leite humanos, os jornais, revistas e livros considerados de natureza cultural, técnica ou recreativa, a farinha de milho, arroz, pão, sal iodado, etc.;

b) as importações de bens, sempre que gozem de isenção do pagamento de direitos de importação nos termos das seguintes disposições:
  i. Artigo 15.º da Lei n.º 7/91, de 23 de Janeiro;
  ii. Artigo 7.º da Lei n.º 4/94, de 13 de Setembro;
  iii. Artigo 2.º e seguintes do Decreto n.º 3/83, de 30 de Novembro e artigo 18.º da Lei n.º 2/95, de 8 de Maio, nos termos, limites e condições aí estabelecidas;
  iv. Artigos 21.º, 42.º, 46.º e 48.º das Regras Gerais do Desembaraço Aduaneiro, aprovadas pelo Decreto n.º 30/2002, de 2 de Dezembro;
  v. N.º 2 do artigo 6.º da Lei n.º 13/2007, de 26 de Junho;
  vi. N.º 2 do artigo 7.º da Lei n.º 13/2007, de 26 de Junho;

c) as importações de bens nos regimes de trânsito, importação temporária ou draubaque que sejam isentas totalmente de direitos aduaneiros:

d) a reimportação de bens por quem os exportou, no mesmo estado em foram exportados, quando beneficiem de isenção de direitos aduaneiros;

e) as prestações de serviços cujo valor esteja incluído na base tributável das importações de bens a que se refiram, conforme o estabelecido no artigo 16.º. Note-se que o que se pretende com esta isenção é evitar a dupla tributação que ocorreria, dado que, de acordo com o previsto no n.º 1 do artigo 16.º do Código, tais prestações de serviços já fazem parte do valor aduaneiro dos bens;

j) as importações de ouro efectuadas pelo Banco de Moçambique;

g) as importações de bens de abastecimento que, desde a sua entrada em território nacional até à chegada ao porto ou aeroporto nacionais de destino e durante a permanência nos mesmos pelo período normal necessário ao cumprimento das suas tarefas, sejam consumidos ou se encontram a bordo das embarcações que efectuem navegação marítima, fluvial ou lacustre internacional ou de aviões que efectuem navegação aérea internacional;

Esta isenção não é aplicável a:

a) provisões de bordo que se encontrem nas seguintes embarcações:
  i. As que estejam a ser desmanteladas ou utilizadas em fins diferentes da realização dos fins próprios da navegação marítima internacional, enquanto durarem tais circunstâncias;
  ii. As utilizadas nos hotéis, restaurantes ou salas de jogos flutuantes ou para fins semelhantes, durante a sua permanência num porto ou em águas territoriais ou interiores do território nacional;
  iii. As de recreio, durante a sua permanência num porto ou em águas territoriais ou interiores do território nacional;
  iv. As de pesca costeira.

b) combustíveis e carburantes que não sejam os contidos nos depósitos normais.

h) as importações das embarcações referidas na alínea f) do n.º 1 do artigo 13.º e dos objectos nelas incorporados ou que sejam utilizados para a sua exploração;

i) a importação dos aviões referidos na alínea g) do n.º 1 do artigo 13.º e dos objectos nele incorporados ou que sejam utilizados para a sua exploração;

j) as importações de objectos de arte, quando efectuados pelos próprios artistas-autores, residentes no território nacional, seus herdeiros ou legatários;

k) as importações de bens de equipamento classificados na classe "K" da Pauta Aduaneira, destinados aos investimentos em empreendimentos autorizados ao abrigo da Lei de Investimentos e respectivo Regulamento;

l) a importação de veículo de combate a incêndios por associações de bombeiros que se destinem exclusivamente a ser utilizados na sua actividade própria.

Note-se ainda que, nos termos do disposto no n.º 2 do artigo 12.º, beneficiam de isenção ou redução de imposto, na mesma proporção em que gozam da redução de direitos:

a) os emigrantes, funcionários civis ou militares, do Estado, estudantes e bolseiros, que regressem definitivamente a Moçambique, nos termos, condições e limites da respectiva legislação aduaneira;

b) os mineiros nacionais em serviço no estrangeiro, nos termos, condições a determinar por despacho do Ministro que superintende a área das Finanças;

c) as importações de materiais e equipamentos efectuados no âmbito de projectos de desenvolvimento financiados pelas agências e instituições especializadas das Nações Unidas, devidamente acreditadas junto do Governo moçambicano, desde que destinados exclusivamente à implementação dos projectos.

A concessão desta isenção depende de despacho favorável do Ministro que superintende a área de Finanças, mediante requerimento prévio apresentado pela entidade promotora e acompanhado de lista discriminada dos bens a importar e respectivo plano de importações, sendo concedida pelos serviços aduaneiros segundo esse mesmo plano e sempre após conferência por confronto com lista aprovada naquele despacho.

1.1.4.2. Outras isenções nas importações

O Código dos Benefícios Fiscais concede diversas isenções na importação aos investimentos realizados por pessoas colectivas e singulares realizados de acordo com a Lei de Investimento e seu Regulamento.

Para o efeito o CBF distingue entre benefícios aplicáveis a investimentos que não sejam objecto de benefícios específicos e benefícios específicos.

Neste contexto prevêem-se, nomeadamente, as seguintes situações:

A) Benefícios aplicáveis a investimentos que não sejam objecto de benefícios específicos – benefícios na importação: Isenção de IVA nos bens de equipamento classificados na classe K da pauta aduaneira e respectivas peças e acessórios que os acompanham (artigo 14.º).

- Criação de infra-estruturas básicas - benefícios na importação: Isenção de IVA nos bens de equipamento classificados na classe K da pauta aduaneira e respectivas peças e acessórios que os acompanham (artigo 21.º).

B) Benefícios específicos – Comércio e indústria nas zonas rurais

- benefícios na importação: Isenção de IVA nos bens de equipamento classificados na classe K da pauta aduaneira e outros indispensáveis à prossecução da actividade como, câmaras frigoríficas, balanças, pesos, caixas registadoras, medidoras de óleos e petróleos e balcões (artigo 24.º).

- Agricultura e pescas – benefícios na importação: Isenção de IVA nos bens de equipamento classificados na classe K da pauta aduaneira e respectivas peças e acessórios que os acompanham (artigo 27.º).

- Hotelaria e turismo - benefícios na importação: Isenção de IVA nos bens de equipamento classificados na classe K

da pauta aduaneira e outros indispensáveis à prossecução da actividade nas quantidades estritamente necessárias para a construção e apetrechamento, ex, tijolos, cofres, televisores, barcos de recreio (artigo 31.º).
– Parques de ciência e tecnologia – benefícios na importação: Isenção de IVA no material e equipamento científico, didáctico e de laboratório e outros como materiais de construção (artigo 34.º).
– Projectos de grande dimensão – benefícios na importação: Isenção de IVA no material de construção, máquinas equipamentos, acessórios, peças sobressalentes acompanhantes e outros bens destinados à prossecução da sua actividade (artigo 37.º).
– Zonas de rápido desenvolvimento – benefícios na importação: Isenção de IVA nos bens de equipamento classificados na classe K da pauta aduaneira e respectivas peças e acessórios que os acompanham (artigo 42.º).
– Zonas francas industriais – benefícios na importação: Isenção de IVA no material de construção, máquinas equipamentos, acessórios, peças sobressalentes acompanhantes e outros bens destinados à prossecução da sua actividade (artigo 45.º).
– Zonas económicas especiais – benefícios na importação: Isenção de IVA no material de construção, máquinas equipamentos, acessórios, peças sobressalentes acompanhantes e outros bens destinados à prossecução da sua actividade (artigo 47.º).

Saliente-se, por último que, de acordo com o disposto no artigo 6.º do CBF, para aplicação da isenção de IVA nos bens a importar se deverão verificar determinadas condições – os bens não devem ser produzidos em Moçambique ou caso sejam não devem satisfazer as características específicas de finalidade exigidas ou inerentes à natureza do projecto e actividade a desenvolver e a explorar.

A isenção não é aplicável a bens alimentares, bebidas, tabaco, vestuário, viaturas ligeiras e outros artigos de uso pessoal e doméstico.

Em termos de prazo para a concessão de isenção, conforme determina o artigo 7.º do CBF, consagra-se os primeiros cinco anos da implementação do projecto.

1.1.5. *Valor tributável*

O valor tributável nas importações é o valor aduaneiro, calculado de acordo com as disposições das leis e regulamentos alfandegários vigentes, adicionado, se nele não estiverem compreendidos, de direitos de importação e outros impostos e taxas e despesas acessórias, com exclusão do próprio IVA, bem como as despesas acessórias como embalagem, transporte, seguros e outros encargos que se verifiquem até ao primeiro lugar de destino dos bens no interior do país (n.º 1 do artigo 16.º do Código).

Por outro lado, do valor tributável são excluídos descontos por pronto pagamento e os que figurem separadamente na factura.

1.1.6. *Taxas*

No tocante às taxas não existe qualquer especificidade relativamente ao regime geral, i.e., a taxa é de 17%.

1.1.7. *Liquidação e pagamento do imposto*

Nas importações o IVA é liquidado e cobrado pelos serviços aduaneiros, devendo ser pago no acto do desembaraço alfandegário pelo importado, nos termos da legislação aduaneira. Isto é, o devedor do imposto é o declarante na alfândega.

1.1.8. Dedução do IVA

De acordo com o disposto no artigo 18.º, n.º 1, alínea a), os sujeitos passivos podem deduzir o imposto devido pela importação de bens.

Note-se que só confere direito à dedução o imposto mencionado em bilhetes de despacho de importação passados em forma legal na posse do sujeito passivo.

1.2. As exportações

1.2.1. Definição

Não existe no Código do IVA um conceito de exportação, pelo que este conceito se constrói *a contrario* do conceito de importação constante do artigo 5.º. Exportação será definida como a saída de bens do território nacional.

1.2.2. Isenções nas exportações, operações assimiladas a exportações e transportes internacionais

As isenções de que beneficiam as exportações têm um âmbito de aplicação lato, conforme se poderá constatar do artigo 13.º do CIVA. Por outro lado, são todas isenções completas, ou seja, conferem ao sujeito passivo direito a deduzir o IVA suportado para a respectiva realização.

Encontram-se, designadamente, isentas do imposto, nos termos do disposto no artigo 13.º, as exportações directas, as exportações relacionadas com organismos internacionais e com as representações diplomáticas e as prestações de serviços, nomeadamente de transporte, relacionadas com o circuito de pessoas e bens.

De um modo geral, encontram-se isentos deste imposto os bens e produtos nacionais consumidos fora de Moçambique, assim como diversos serviços prestados no território nacional mas utilizados e explorados em países terceiros.

As exportações efectuadas pelo vendedor e as transmissões de bens expedidos ou transportados para fora de Moçambique, por um adquirente residente ou estabelecido num país terceiro ou por um terceiro por conta deste estão isentas de IVA, com excepção dos bens destinados ao abastecimento de barcos desportivos e de recreio, de aviões de turismo ou qualquer outro meio de transporte de uso privado (artigo 13.º, n.º 1, alíneas a) e b)). Para o efeito interessa apenas que o bem saia de Moçambique, sendo irrelevante, por exemplo, a nacionalidade das partes ou o tipo de moeda utilizada na transacção.

Salientam-se ainda algumas das isenções previstas no artigo 14.º, aplicáveis às operações que se passam a mencionar:
- Transmissões de bens e as prestações de serviços efectuadas no âmbito de relações diplomáticas e consulares, cuja isenção resulte de acordos e convénios internacionais celebrados por Moçambique (alínea j) do n.º 1);
- Transmissões de bens e as prestações de serviços destinadas a organismos internacionais reconhecidos por Moçambique ou a membros dos mesmos organismos, nos limites fixados nos acordos e convénios internacionais celebrados em Moçambique (alínea k) do n.º 1);
- Transmissões de bens para organismos devidamente reconhecidos que os exportem para o estrangeiro no âmbito das suas actividades humanitárias, caritativas ou educativas, mediante prévio reconhecimento do direito à isenção (alínea l) do n.º 1);
- Prestações de serviços, com excepção das referidas no artigo 9.º, que estejam directamente relacionadas com o regime de trânsito, exportação ou importa-

ção de bens isentos de imposto por terem sido declarados em regime temporário, draubaque ou trânsito, ou terem entrado em depósitos de regime aduaneiro ou livre de outras áreas referidas no artigo seguinte (alínea m) do n.º 1);
- Prestações de serviços, com excepção das referidas no artigo 9.º, que se relacionem com a expedição de bens destinados ao estrangeiro (alínea n) do n.º 1);
- Transporte de pessoas provenientes ou com destino ao estrangeiro (alínea p) do n.º 1);
- Prestações de serviços que consistam em trabalhos realizados sobre bens móveis, adquiridos ou importados para serem objecto desses trabalhos em território nacional e em seguida expedidos ou transportados com destino ao estrangeiro por quem os prestou, pelo seu destinatário não estabelecido em território nacional ou por um terceiro por conta destes (alínea q) do n.º 1);

Para efeitos do Código, entende-se por bens de abastecimento:
a) as provisões de bordo, sendo consideradas como tais os produtos destinados exclusivamente ao consumo da tripulação e dos passageiros;
b) os combustíveis, carburantes, lubrificantes e outros produtos destinados ao funcionamento das máquinas de propulsão e de outros aparelhos de uso técnico instalados a bordo;
c) os produtos acessórios destinados à preparação, tratamento e conservação das mercadorias transportadas a bordo.

1.2.3. *Outras isenções*

O artigo 14.º prevê, ainda, isenções relacionadas fundamentalmente com regimes suspensivos, nomeadamente, as operações

a seguir indicadas, desde que os bens a que se referem não se destinem a utilização definitiva ou consumo final nas áreas mencionadas:
a) as importações de bens que, sob controlo alfandegário e com sujeição às disposições especificamente aplicáveis, sejam postas nos regimes de zona económica especial, zona franca, depósito franco e depósitos gerais francos ou que sejam introduzidos em depósitos de regime aduaneiro ou lojas francas, enquanto permanecerem sob tais regimes;
b) as transmissões de bens expedidos ou transportados para as zonas ou depósitos mencionadas na alínea anterior, bem como as prestações de serviços de transporte directamente conexas com tais transmissões;
c) as transmissões de bens que se efectuem nos regimes a que se refere a alínea a), assim como as prestações de serviços directamente conexas com tais transmissões, enquanto os bens permanecerem naquelas situações;
d) as transmissões de bens que se encontrem nos regimes de trânsito, draubaque ou importação temporária e as prestações de serviços de transporte directamente conexas com tais operações, enquanto os mesmos forem considerados abrangidos por aqueles regimes.

Estão ainda isentas ao abrigo do n.° 2 do artigo 14.°:
a) a aquisição e importação de bens destinados à ofertas a instituições nacionais de interesse público e de relevantes fins sociais, desde que tais bens sejam inteiramente adequados à natureza da instituição beneficiária e venham por esta ser utilizados em actividades de evidente interesse público;
b) a aquisição de bens destinados a ofertas para atenuar os efeitos das calamidades naturais, tais como cheias, tempestades, secas, ciclones, sismos e terramotos e outros de idêntica natureza;

c) A aquisição de serviços relativos a perfuração, pesquisa e construção de infra-estruturas no âmbito da actividade mineira e petrolífera na fase de prospecção e pesquisa.

De notar que as todas estas isenções são completas, i.e., conferem o direito à dedução do imposto suportado para a respectiva realização, à excepção da prevista na alínea a) do n.º 1.

1.2.4. *Dedução do IVA*

De acordo com o previsto nos pontos i. e iv. da alínea b) do n.º 1 do artigo 19.º do CIVA, o imposto que tenha incidido sobre os bens ou serviços exportados e sobre as operações isentas nos termos do disposto no artigo 13.º, bem como sobre as transmissões de bens e prestações de serviços abrangidos pelas alíneas *b), c)* e *d)* do n.º 1 e do n.º 2 do artigo 14.º, é dedutível.

BIBLIOGRAFIA

ACIS em cooperação com USAID, SPEED e DELOITTE – *Manual do Imposto sobre o Valor Acrescentado*, 2 de Dezembro de 2011.

ALEXANDRE, Mário – "A harmonização do IVA: objectivos e estratégias", *CTF* n.º 390, Abril – Junho de 1998 b.

—— "Harmonização da Tributação Indirecta (IVA)", *Jornal de Contabilidade*, APOTEC, Ano XXIX, N.º 340, Julho 2005.

ANTUNES, BRUNO BOTELHO – Da Repercussão Fiscal no IVA, *Almedina*, Coimbra, Outubro 2008.

BASTO, José Guilherme Xavier de – *A adopção por Portugal do Imposto sobre o Valor Acrescentado (IVA) da Comunidade Económica*, Comunicações 1, Faculdade de Economia da Universidade de Coimbra, Coimbra, 1981.

—— *A Reforma da Tributação Indirecta e a Adopção do Imposto sobre o Valor Acrescentado,* Comissão do Imposto sobre o Valor Acrescentado, Outubro de 1982.

—— *A tributação do consumo e a sua coordenação internacional,* CCTF n.º 164, Lisboa 1991.

BASTO, Xavier de e MARIA ODETE OLIVEIRA – "O direito à dedução do IVA nas sociedades holding", *Fiscalidade* n.º 6, Abril 2001.

CHANGA, Aboobacar – "Adopção do IVA-Experiência Moçambicana", comunicação apresentada na *I Conferência de Directores Gerais dos Impostos da Comunidade de Países de Língua Portuguesa*, organizada pela DGCI em 20 de Maio de 2009.

—— "A implementação do IVA em Moçambique", AAVV – *IVA para o Brasil, Contributos para a Reforma da Tributação do Consumo,* Oswaldo Othon de Pontes Saraiva Filho, Sérgio Vasques e Vasco Branco Guimarães (organizadores), Instituto Fórum de Direito Tributário, Editora Fórum, Belo Horizonte, 2007.

Correia, Arlindo – "A Introdução do Imposto sobre o Valor Acrescentado, Uma Exigência da Adesão à CEE", *Estudos Financeiros*, Porto, 1980.
— *Introdução ao Imposto sobre o Valor Acrescentado*, APOTEC, 3.ª edição, 1981.
— "A Experiência Administrativa da Introdução ao IVA", *Vinte Anos de Imposto Sobre o Valor Acrescentado em Portugal: Jornadas Fiscais em Homenagem ao Professor José Guilherme Xavier de Basto*, Almedina, Coimbra, Novembro 2008.
Fumo, Graça e Magane, Idália - *Código do IVA comentado*, Moçambique Editora, Ernst & Young, 1ª Edição, Junho de 2004.
DELOITTE – "Subsídios", in *IVA, 21%, 21 Anos, 21 Temas*, Principia, 1.ª Edição, Janeiro de 2008.
DIRECÇÃO-GERAL DOS IMPOSTOS – *Princípios gerais do Anteprojecto IVA*, Núcleo do Imposto sobre o Valor Acrescentado, Lisboa, 1984.
— *Código do Imposto sobre o Valor Acrescentado. Notas Explicativas e Legislação Complementar*, Núcleo do IVA, Imprensa Nacional, Lisboa, 1985.
— *Manual de IVA*, Centro de Formação da Direcção Geral dos Impostos, 2006.
Laires, Rui – *A Incidência e os Critérios de Territorialidade do IVA*, Almedina, Coimbra, Outubro de 2008.
— *A Localização das Prestações de Serviços após 1 de Janeiro de 2010*, Cadernos de Ciência e Técnica Fiscal n.º 208, Janeiro 2010.
Lauré, Maurice – *La Taxe sur la Valeur Ajoutée*, Sirey, 1953.
Lemos, Maria Teresa – "Algumas observações sobre a eventual introdução de um sistema de Imposto sobre o Valor Acrescentado em Portugal", *CTF* n.º 156, Dezembro de 1971.
— "Harmonização das legislações dos Estados Membros da CEE no âmbito do Imposto de Transacções", *CTF* n.º 193/195, Janeiro--Março de 1975.
— "Algumas considerações sobre a adopção do IVA comunitário", *CTF*, n.ºs 247/249, Julho/Setembro 1979.

— "Alguns aspectos da substituição do Imposto de Transacções pelo Imposto sobre o Valor Acrescentado", *Comemoração do XX aniversário do Centro de Estudos Fiscais,* DGCI, Lisboa, 1984.
— "IVA: Direito à dedução dos 'holdings'. A jurisprudência comunitária", *Fisco* n.º 61, Janeiro de 1994.
Lima, Emanuel Vidal — IVA-*Imposto sobre o Valor Acrescentado, comentado e anotado,* Porto Editora, 9ª edição, Janeiro de 2003.
Martins, Alexandra — "Os aspectos formais do direito à dedução do IVA: A dedução do imposto em operações simuladas", *Fiscalidade* n.º 22, Maio-Junho 2005.
— *A Admissibilidade de uma Cláusula Geral Anti-Abuso em sede de IVA,* Cadernos IDEFF n.º 7, Instituto de Direito Económico Financeiro e Fiscal, da Faculdade de Direito de Lisboa, *Almedina,* Dezembro 2006.
Miconi, Pascale — *Notas à Sexta directiva do IVA,* DGCI, Serviços de Administração do IVA, 1986.
— "Razões justificativas da introdução de um sistema de Imposto sobre o Valor Acrescentado", *CTF* n.ºs 244/246, Abril-Junho 1979.
MINISTÉRIO DAS FINANÇAS — Autoridade Tributária de Moçambique — *Manual de Reembolso do IVA* — Maputo, Novembro de 2007.
— *Manual de Fiscalização de Mercadorias em Circulação* — Maputo, Outubro de 2007.
— *Perguntas Mais Frequentes em sede do IRPS, IRPC e IVA* — Maputo.
Noiret Cunha, Patrícia — *Imposto sobre o Valor Acrescentado, Anotações ao Código do Imposto sobre o Valor Acrescentado e ao Regime do IVA nas Transacções Intracomunitárias,* Instituto Superior de Gestão, 2004.
Oliveira, Maria Odete e Duarte Severino — "O IVA e a regulamentação do comércio electrónico após a Directiva 2002/38/CE, de 7 de Maio", *Fisco* n.ºs 111/112, Janeiro 2004.
Palma, Clotilde Celorico — "IVA: Facturas e dedução indevida do imposto", *Fisco* n.º 63/64, Março-Abril, 1994.
— *O IVA e o mercado interno — Reflexões sobre o regime transitório,* CCTF n.º 178*, 1998.*

— "O comércio electrónico – Algumas questões fiscais", *Revista TOC* n.º 1, Março de 2000.
— "A proposta de Directiva de tributação em IVA dos serviços prestados via electrónica", *Revista TOC* n.º 8, Novembro de 2000.
— "A facturação em matéria de Imposto sobre o Valor Acrescentado – linhas gerais da Directiva 2001/115/CE, de 20 de Dezembro", *Revista TOC* n.º 25, Abril de 2002.
— "A utilização da facturação electrónica na perspectiva da fiscalidade – linhas gerais das iniciativas nacionais mais recentes", *Revista TOC* n.º 27, Junho de 2002.
— "As regras do Código do Imposto sobre o Valor Acrescentado sobre a localização das prestações de serviços", *Revista TOC* n.º 29, Agosto de 2002.
— "Imposto sobre o Valor Acrescentado – últimas alterações introduzidas através do Decreto-Lei n.º 179/2002, de 3 de Agosto", *Revista TOC* n.º 31, Outubro de 2002.
— "O enquadramento em sede de Imposto sobre o Valor Acrescentado da operação de venda de salvados pelas seguradoras", *Fiscalidade* n.º 11, Junho 2002.
— "As regras de localização das prestações de serviços em sede do Imposto sobre o Valor Acrescentado", *CTF* n.ºs 409-410, Jan./ /Junho 2003.
— "O IVA e as operações efectuadas via electrónica – alterações introduzidas através do Decreto-Lei n.º 130/2003", *Revista TOC* n.º 43, Outubro 2003.
— "A facturação em sede de IVA – principais alterações do DL n.º 256/2003", *Revista TOC* n.º 45, Dezembro de 2003.
— "IVA – Algumas notas sobre os limites das exclusões do direito à dedução", *Fisco* n.ºs 115/116, Setembro de 2004.
— "Linhas gerais da proposta de directiva das prestações de serviços B2B", *Revista TOC* n.º 63, Junho de 2005.
— *Estudos de Imposto sobre o Valor Acrescentado*, Almedina, Junho 2006.
— *"Enquadramento em IVA da actividade seguradora"*, *Estudos Jurídicos e Económicos em Homenagem ao Prof. Doutor António de Sousa*

Franco, Volume I, Edição da Faculdade de Direito da Universidade de Lisboa, Coimbra Editora, 2006.
— "IVA – Directiva 2006/69/CE, de 24 de Julho", *Revista TOC* n.º 83, Fevereiro de 2007.
— "Facturação electrónica – Aspectos fundamentais do Decreto-Lei n.º 196/2007", *Revista TOC* n.º 87, Junho de 2007.
— "O Pacote IVA – novas regras de localização das prestações de serviços", *Revista TOC* n.º 97, Abril 2008.
— "As propostas de Directiva e de Regulamento IVA sobre os serviços financeiros", *Revista TOC* n.º 101, 2008.
— "O IVA e a actividade seguradora – Alternativas de tributação", Vinte Anos de Imposto Sobre o Valor Acrescentado em Portugal: Jornadas Fiscais em Homenagem ao Professor José Guilherme Xavier de Basto, Almedina, Novembro 2008.
— "IVA – Sobre as propostas de aplicação de um mecanismo generalizado de reverse charge", *Revista de Finanças Públicas e Direito Fiscal*, da FDL, IDEFF, ano 1, n.º 3, Inverno 2008.
— "A Comunicação da Comissão Europeia sobre a faculdade de criação de grupos de IVA", *Revista de Finanças Públicas e Direito Fiscal*, da FDL, IDEFF, Ano II n.º 3, Outono 2009.
— "A proposta de Directiva sobre a aplicação de um sistema de reverse charge", *Revista TOC* n.º 118, Janeiro 2010.
— *As Entidades Públicas e o Imposto sobre o Valor Acrescentado: uma ruptura no princípio da neutralidade*, dissertação de doutoramento em Ciências Jurídico Económicas, especialidade em Direito Fiscal, na Faculdade de Direito da Universidade de Lisboa, Almedina, Dezembro 2010.
— "O Livro Verde sobre o Futuro do IVA – Algumas reflexões", *Revista de Finanças Públicas e Direito Fiscal da FDL*, IDEFF, n.º 1, Ano IV, Inverno 2011.
— *Enquadramento das Operações Financeiras em Imposto sobre o Valor Acrescentado*, Cadernos do IDEFF n.º 13, Abril de 2011.
— "A Reforma do IVA – algumas propostas", *Revista TOC* n.º 135, Julho 2011

— "O Livro Verde sobre o Futuro do IVA – Algumas reflexões", *Revista de Finanças Públicas e de Direito Fiscal*, Ano IV, n.° 1, Março de 2011.
— "25 Anos de IVA em Portugal – de onde vimos e para onde vamos?", em vias de publicação em obra colectiva *IDEFF/Almedina*
— "A Comunicação da Comissão sobre o futuro do IVA", em vias de publicação na *Revista TOC*.
PITTA E CUNHA, Paulo de – "Aspectos fiscais da integração económica internacional", *CCTF* n.° 18, Lisboa, 1964.
SANTOS, António Carlos dos – "As transformações do sistema fiscal moçambicano: da independência à reestruturação de 1987, *CESA – Centro de Estudos sobre África*, Instituto Superior de Economia e Gestão, 1989.
— "Sistemas fiscais: conceitos e tipologias à luz das experiências angolana e moçambicana", *CFT*, n.° 356, 1989.
— "IVA e mercado interno: as aquisições intracomunitárias de bens", *Fisco* n.° 42, Maio de 1992.
— "Integração europeia e abolição das fronteiras fiscais. Do princípio do destino ao princípio da origem?", *Separata da CTF* n.° 372, Out./Dez 1993.
— "The European common VAT system: merits, difficulties and perspectives of evolution", *Revista de Finanças Públicas e Direito Fiscal*, Almedina, n.° 3, Ano I, 2008.
— "O IVA, a sociedade de informação e a construção do mercado interno: a longa marcha para a facturação electrónica", *Revista TOC* n.° 112, Julho 2009.
— "O Princípio da Proporcionalidade e a sua Aplicação às Regras Nacionais sobre Juros Compensatórios em Sede de IVA", in MIRANDA, J./ CORDEIRO, A. M./FERREIRA, E. P./ NOGUEIRA, J. D., *Estudos em Homenagem ao Professor Doutor Paulo de Pitta e Cunha*, volume II – Economia, Finanças Públicas e Direito Fiscal, *Almedina*, 2010.
— "Alteração das taxas de IVA e formação de preços no mercado", *Revista de Ciências Empresariais e Jurídicas*, n.° 16, ISCAP, Porto, 2010.

— "As transformações do sistema fiscal moçambicano: da independência à reestruturação de 1987", *CESA – Centro de Estudos sobre África, Instituto Superior de Economia e Gestão*.

Santos, António Carlos dos, António Martins (coordenadores) – *Relatório do Grupo para o Estudo da Política Fiscal*, CCTF n.° 209, Fevereiro 2009.

Santos, António Carlos dos e Mário Alberto Alexandre – "O IVA comunitário na encruzilhada: Rumo a um novo sistema comum?", *CTF* n.° 397, Jan./Mar. 2000.

Santos, José Carlos Gomes – "O IVA – Um Imposto (muito especial) sobre o Consumo", *Vinte Anos de Imposto Sobre o Valor Acrescentado em Portugal: Jornadas Fiscais em Homenagem ao Professor José Guilherme Xavier de Basto*, Almedina, Coimbra, Novembro 2008.

— *Incentivos fiscais ao investimento em contextos de subdesenvolvimento e competição regional – o caso Moçambicano*, Cadernos de Ciência e Técnica Fiscal, n.° 196, Novembro 2005.

Silva Pinto, Miguel – "A nova estratégia da Comissão em matéria de IVA – Resultados alcançados e eventuais futuras áreas de intervenção", *Planeamento e Concorrência Fiscal Internacional*, Fisco, Lisboa 2003.

Tait, Alain A. – *Value Added Tax*, Mcgraw Hill, London, 1972.

Terra, Ben – "Systems of levying a sales tax", *Vat Monitor*, n.° 6 – 1990, June.

Usaid, Speed – *O IVA no sector da agricultura em Moçambique (Draft report)*, Fevereiro de 2012.

Waty, Teodoro – Introdução às Finanças Públicas e Direito Financeiro, W&W Editora, Maputo, 2004.

— *Direito Fiscal*, W&W, Editora Limitada, Maputo, 2007.

— *Contributo para uma Teoria de Descentralização Financeira em Moçambique*, Almedina, 2010.

Índice

PRINCIPAIS ABREVIATURAS UTILIZADAS 9

NOTA PRÉVA 11

I – CARACTERÍSTICAS DO IMPOSTO SOBRE
O VALOR ACRESCENTADO E SUA ADOPÇÃO
POR MOÇAMBIQUE
1. Características do IVA em Moçambique 21
   1.1. Um imposto plurifásico que opera através do método
        subtractivo indirecto 25
   1.2 Um imposto tendencialmente geral sobre o consumo. 28
   1.3. Um imposto que pretende ser neutro 29
   1.4. Um imposto reditício 31
   1.5 Um imposto baseado no princípio de tributação no país
        de destino nas transacções internacionais 33
   1.6 Um imposto adaptado à realidad nacional 35
2. A adopção do IVA pela CEE 36
   2.1. O IVA na União Europeia 36
   2.2. O IVA em Portugal 40
3. A adopção do IVA por Moçambique 43

II – REGIME GERAL DO IVA
NAS OPERAÇÕES INTERNAS
1. Procedimento de resolução de uma questão 51
2. Âmbito de aplicação territorial do imposto 54
3. Operações sujeitas 54
   3.1. As transmissões de bens 55
        3.1.1. Operações assimiladas a transmissões de bens.. 56
        3.1.2. Tratamento dos donativos 64
   3.2. As prestações de serviços 66
        3.2.1. Operações assimiladas a prestações de serviços 67
        3.2.2. Exclusão do conceito de prestação de serviços 69

3.3. As importações de bens... 71
4. Sujeitos passivos do imposto... 71
   4.1. Regras de incidência subjectiva................................... 71
   4.2. Delimitação negativa da incidência........................... 75
      4.2.1. Regra geral 75
      4.2.2. Excepção.. 78
   4.3. A representação fiscal.. 78
5. Localização das operações 79
   5.1. As regras de localização das transmissões de bens 80
      5.1.1. Regra geral 81
      5.1.2. Regra especial 81
   5.2. As regras de localização das prestações de serviços 82
      5.2.1. A qualificação da operação 84
      5.2.2. Regra geral de localização................................ 86
      5.2.3. Excepções à regra geral ou regras especiais de localização das prestações de serviços............. 86
6. Facto gerador e exigibilidade do imposto 88
   6.1. Facto gerador e exigibilidade nas operações internas... 89
      6.1.1. Regra geral.. 89
      6.1.2. Regras especiais.. 92
      6.1.3. Regime especial de exigibilidade do Imposto sobre o Valor Acrescentado nas empreitadas e subempreitadas de obras públicas.................... 93
   6.2. Facto gerador e exigibilidade nas importações............ 95
7. Isenções 96
   7.1. Modalidades das isenções em IVA consoante o direito à dedução 98
   7.2. Isenções nas operações internas 99
      7.2.1. Os diversos tipos de isenções......................... 101
      7.2.2. Renúncia à isenção... 123
   7.3. Isenções nas importações 124
   7.4. Isenções nas exportações, operações assimiladas a exportações e transportes internacionais......................... 124
   7.5. Outras isenções... 124
   7.6. Regime especial de isenção do artigo 35.° 124

	7.7. Regime de tributação simplificada	127
8.	Valor tributável	129
	8.1. Regra geral	129
	8.2. O caso especial dos subsídios e das indemnizações	130
	8.2.1. Os subsídios	130
	8.2.2. As indemnizações	135
	8.3. Regras especiais	137
9.	Taxas	141
10.	Exercício do direito à dedução	142
	10.1. Imposto dedutível	144
	10.2. Exclusões do direito à dedução	145
	10.3. Momento em que nasce o direito à dedução	147
	10.4. Limite temporal do exercício do direito à dedução....	147
	10.5. Tipos de sujeitos passivos relativamente ao exercício do do direito à dedução	148
	10.6. Métodos de exercício do direito à dedução	149
	10.6.1. Regras gerais	149
	10.6.2. Exercício do direito à dedução do imposto pelos sujeitos passivos mistos	150
	10.6.2.1. Método do pro rata	150
	10.6.2.2. Método da afectação real	154
11.	Obrigações dos sujeitos passivos	155
	11.1. Obrigações de pagamento	156
	11.2. Obrigações declarativas	157
	11.3. Obrigações de facturação	159
	11.4. Obrigações contabilísticas	161
	11.5. Obrigação de conservação de documentos	163
12.	Regularizações do imposto	163
13.	Breve alusão aos regimes específicos	166

III – O Iva nas Operações Internacionais
1.	As importações de bens	173
	1.1. Definição	173
	1.1.2. Requisitos de tributação das importações	174
	1.1.3. Facto gerador e exigibilidade	174

1.1.4. Ienções 175
1.1.5. Valor tributável 181
1.1.6. Taxas 181
1.1.7. Liquidação e pagamento do imposto 181
1.1.8. Dedução do IVA 182
1.2. As exportações 182
1.2.1. Definição 182
1.2.2. Isenções nas exportações, operações assimiladas a exportações e transportes internacionais 182
1.2.3. Outras isenções 184
1.2.4. Dedução do IVA 186

BIBLIOGRAFIA 187